de Gruyter Lehrbuch
– programmiert –

Erbrecht

Eine Darstellung der Grundzüge in programmierter Form

von

Dr. Gerhard Otte
o. Professor an der Universität Bielefeld

gemeinsam mit
Peter Bähr, Hans-Jürgen v. Dickhuth-Harrach,
Wilhelm Lülling, Dr. Wilhelm Opfermann,
Ulrich Schlewing, Dr. Hans-Wolfgang Waldeyer
und Rüdiger Wolf

W DE G

1974

Walter de Gruyter · Berlin · New York

ISBN 3 11 004522 2

 – Satz:.IBM-Composer, Walter de Gruyter & Co. – Druck: Color-Druck, Berlin
Bindearbeiten: Buchbinderei Wübben, Berlin

INHALTSÜBERSICHT

VORWORT

An guten Lehrbüchern des Erbrechts besteht kein Mangel. Die Funktion, die sie erfüllen können, will ihnen dieses neue Buch nicht streitig machen. Es hat eine andere Zielsetzung.

Der Stil der juristischen Lehrveranstaltungen und der juristischen Studienliteratur unterliegt einem zunehmenden Wandel infolge der Einsicht, daß Lernen sich nicht in der Aneignung von Wissen erschlpft – so unverzcihtbar diese Voraussetzung auch bleibt –, sondern Verstehen-Lernen bedeutet. Das Verstehen von Rechtsnormen zeigt sich aber nur in der Anwendung. Das vorliegende Buch geht diesen Weg konsequent weiter, indem es die Wissensvermittlung mit der Einübung in die Anwendung des Erlernten auf engste verknüpft. Es trifft sich dabei in der Darstellungsweise mit der inzwischen auf vielen Gebieten erprobten Idee des programmierten Lernens. Programmiertes Lernen macht sich die Erkenntnis zunutze, daß Wissen leichter und dauerhafter erworben wird, wenn der Lernende die unmittelbare Bestätigung erfährt, daß er die Information richtig aufgenommen hat. Dies wird am besten dadurch erreicht, daß der Lernstoff in kurze Abschnitte gegliedert wird und die einzelnen Abschnitte durch Kontrollfragen begleitet werden, deren Beantwortung auf Grund des Inhalts der vorangegangenen Informationen möglich ist. Entsprechend der Zielsetzung des juristischen Unterrichts kommt als Kontrollaufgabe für ein juristisches Lehrprogramm vornehmlich die Lösung von Fällen in Betracht. In der Theorie des programmierten Lernens gilt ein Programm dann als hinreichend validiert, wenn die Informationen so gegeben werden, daß mindestens 90 % der Leser mindestens 90 % der Fragen zutreffend beantworten. Angesichts der noch relativ geringen Studentenzahlen an der Universität Bielefeld mußten die Verfasser davon absehen, das Programm auf einer so breiten Basis zu testen, daß die Ergebnisse des Tests die statistische Bestätigung der 90 %/ 90 %-Quote richtiger Antworten liefern konnten. Das Programm ist jedoch von zwei Gruppen von 6 bzw. 12 Studenten des vierten Semesters durchgearbeitet worden, und der Anteil der richtigen Antworten erreichte hierbei insgesamt mehr als 90 %. (Dazu ist anzumerken, daß die unrichtigen Antworten zu einem nicht unerheblichen Teil auf fehlerhafter Anwendung von Vorschriften aus den ersten vier Büchern des BGB beruhten.) Auf Grund dieser Tests, aber auch auf Grund von Anregungen aus dem Hörerkreis meiner Erbrechtsvorlesung im Sommersemester 1973, in der dieses Programm benutzt wurde, konnten die Informationen durch Klärung oder Ergänzung sowie die Fragestellungen durch Präzisierung an die Aufnahmefähigkeit mittlerer Semester angepaßt werden. Allen Studenten, die durch ihre Hinweise zur Verbesserung des Programms beigetragen haben, möchte ich an dieser Stelle herzlich danken. Künftige Leser des Programms möchte ich auffordern, mir ebenso ihre Erfahrungen beim Durcharbeiten des Buches und ihre Verbesserungsvorschläge mitzuteilen (unter der Anschrift: Prof. Dr. Gerhard Otte, 48 Bielefeld, Universität, Postfach 8640).

Die Informationsvermittlung durch Lehrprogramme begebnet gelegentlich noch dem Vorurteil, das Programm beabsichtige, den Lernenden zu programmieren.

Ic h hoffe, daß jeder Leser dieses Buches zu der Überzeugung gelangt, daß die Arbeit mit dem Programm dem Lernenden mehr eigene Aktivität abverlangt als ein herkömmliches Lehrbuch gleichen Umfangs. Programmiert, d. h. bis ins einzelne hinsichtlich des Inhalts und seiner Abfolge vorüberlegt, wird in einem Lehrprogramm allein der dargebotene Lehrstoff.

Das verhältnis des Lehrprogramms zur Vorlesung sollte so gesehen werden: Das Lehrprogramm macht die Vorlesung nicht überflüssig. Es entlastet sie aber von der Aufgabe, dem studenten die grundlegenden Informationen über das Erbrecht zu vermitteln. Für diese Aufgabe erscheint sie ohnehin weniger geeignet, da sie sich der sehr unterschiedlichen Lerngeschwindigkeit der einzelnen Hörer nicht anpassen kann. Die Informationsvermittlung soll daher der individuellen Vorbereitung auf die jeweilige Vorlesungsstunde anhand des Lehrprogramms überlassen werden. (Die durchschnittliche Dauer der Bearbeitung – schriftliche Beantwortung aller Fragen eingeschlossen – betrug bei den Mitgliedern der beiden Testgruppen etwa 24 Stunden. Die Abweichungen von diesem Mittelwert waren beträchtlich, was indessen völlig normal ist: Die untere bzw. obere Grenze lag bei 15 bzw. 36 Stunden.) Die Vorlesung selbst wird auf diese Weise frei für die Beantwortung von Fragen der Studenten zum Stoff, für die Erörterung schwierigerer Fälle und vor allem für die Darlegung geschichtlicher, rechtspolitischer und berufspraktischer Bezüge des Erbrechts ferner auch, wo es dem Dozenten erforderlich erscheint, für die Vermittlung zusätzlicher Details.

In der Beschränkung auf die Darstellung von Grundzügen des Erbrechts entspricht das Programm den Gegebenheiten des heutigen Jurastudiums. Man mag diese bedauern, weil gerade im Erbrecht alle Teile des bürgerlichen Rechts zusammenspielen und ein eingehenderer Unterricht daher eine hervorragende Gelegenheit wäre, das Verständnis des ganzen BGB zu vertiefen. Man wird an ihnen aber nicht achtlos vorübergehen dürfen und muß die Konsequenzen für die Bemessung der Vorlesungsstundenzahlen sehen. Die Möglichkeit, durch Benutzung eines Lehrprogramms die Vorlesung weitgehend von der Aufgabe der Wissensvermittlung zu entlasten, macht nach meiner Erfahrung die Reduzierung der Erbrechtsvorlesung auf zwei Semesterwochenstunden durchaus verantwortbar. – Bei der Definition dessen, was unter „Grundzügen des Erbrechts" verstanden werden kann, haben die Verfasser sich weithin an die Empfehlung gehalten, die der Reformausschuß der Rechtswissenschaftlichen Fakultäten und Fachbereiche am 17. 4. 1971 gegeben hat (abgedruckt u. a. in JZ 1971, S. 500). Daß diese Empfehelung eine überlegte und ausgewogene Auswahl des Stoffes darstellt, davon konnten wir uns im Laufe der Ausarbeitung des Programms voll überzeugen. Unter der Voraussetzung einer Prüfungspraxis, die sich an die „Grundzüge-Empfehlung" hält, umfaßt das Programm dasjenige, was zur Vorbereitung auf das Referendarexamen erfor-

derlich ist. Es ist also nciht nur für die erste Vermittlung des ERbrechts gedacht, sondern auch für die Wiederholung.
Für die eingehendere Bearbeitung von Problemen, wie sie etwa im Rahmen von Hausarbeiten oder Seminarreferaten verlangt wird, ist das Programm natürlich nicht gedacht. Es strebt ja keine Vollständigkeit der Darstellung an und enthält sich weitgehend der Hinweise auf Literatur und Rechtsprechung. Alles Erforderliche findet der Student in diesem Fall in den Erbrechtslehrbüchern von Bartholomeyczik, Brox, Kipp-Coing, Lange und v. Lübtow sowie den BGB-Kommentaren angegeben.
Für die mühevolle Arbeit, das Programm in allen Stadien seiner Entwicklung immer wieder in Reinschrift zu bringen, möchte ich meiner Sekretätin Frau Ingeborg Målnieks an dieser Stelle besonders herzlich danken.

Bielefeld, im November 1973

Gerhard Otte

Kapitel I

EINFÜHRUNG

I1 In Ihrem bisherigen Studium des bürgerlichen Rechts haben Sie eine größere Anzahl von Vorschriften kennengelernt, die den Übergang *einzelner* Rechte und Pflichten von einer Person auf die andere regeln. Den Übergang eines einzelnen Rechtes regeln z. B. § 929 (Übereignung einer beweglichen Sache) und § 398 (Forderungsabtretung), den Übergang einer einzelnen Pflicht regelt § 414 (Schuldübernahme).

Mit dem *Erbfall*, d. h. mit dem Tode, geht das Vermögen eines Menschen – des *Erblassers – als Ganzes* auf eine oder mehrere andere Personen – den oder die *Erben* – über. Diesen Übergang des Vermögens im Ganzen – der *Erbschaft* oder des *Nachlasses* – nennt man *Universalsukzession.*

Vermögensübergang bedeutet Übergang *aller vererblichen Rechte und Pflichten* des Erblassers. (Lesen Sie §§ 1922 I, 1967 I und II.)

Auch wenn der Erblasser mehrere Erben hat – Miterben –, findet keine Einzelnachfolge statt. Es kann daher nicht mit dem Erbfall der eine Erbe Eigentümer des Hauses, der andere Eigentümer des Bargeldes, der dritte Inhaber der Wertpapiere des Erblassers werden. Vielmehr gehören Haus, Bargeld und Wertpapiere usw. in gleicher Weise zum Vermögen des Erblassers, und dieses geht als gemeinschaftliches Vermögen auf die Miterben über, § 2032 I.

I_2 Universalsukzession ist Erwerb *kraft Gesetzes*, nicht rechtsgeschäftlicher Erwerb. Die Erfordernisse rechtsgeschäftlicher Erwerbstatbestände (z. B. bei § 929: Einigung und Übergabe) gelten daher hier nicht. Rechte und Pflichten des Erblassers gehen „automatisch" im Augenblick des Todes auf den Erben über, unabhängig von seiner Kenntnis und seinem Willen.

F_2 Erblasser E war Eigentümer eines Grundstücks und eines Pkw. Ein zum Erwerb des Pkw aufgenommenes Darlehn hatte er bei seinem Tode noch nicht zurückgezahlt. Sein Sohn S ist einziger Erbe.

Welche der folgenden Aussagen ist richtig?

a) S ist Eigentümer des Grundstücks und des Pkw, nicht aber Schuldner der Darlehnsforderung, denn niemand kann gegen seinen Willen verpflichtet werden.

b) S ist weder Eigentümer von Grundstück und Pkw noch Schuldner der Darlehnsforderung, denn die zu Übereignung und Schuldübernahme erforderlichen Willenserklärungen liegen nicht vor.

c) S ist sowohl Eigentümer von Grundstück und Pkw als auch Schuldner der Darlehnsforderung, denn im Augenblick des Todes des E ging dessen Vermögen als Ganzes kraft Gesetzes auf S über.

d) S ist zwar Eigentümer des Pkw und Schuldner der Darlehnsforderung, nicht aber Eigentümer des Grundstücks, denn zum Eigentumserwerb an Grundstücken ist nach § 873 I Eintragung im Grundbuch erforderlich.

A_2 Aussage c) ist richtig. Aus § 1922 I folgt, daß sich der Übergang des Vermögens nicht durch Rechtsgeschäft, sondern kraft Gesetzes vollzieht (daher falsch: Aussage b). Weil es sich um gesetzlichen Erwerb handelt, kann § 873 I als rechtsgeschäftlicher Erwerbstatbestand keine Anwendung finden (daher falsch: Aussage d). § 1967 II stellt klar, daß die Universalsukzession auch die Schulden des Erblassers erfaßt (daher falsch: Aussage a).

I_3 Die Universalsukzession erfaßt nur *vererbliche* Rechte und Pflichten des Erblassers. *Nichtvererblich* sind *höchstpersönliche* Rechte und Pflichten.

Höchstpersönlich sind z. B. die elterliche Gewalt, die Mitgliedschaft in einem Gesangverein (§ 38 S. 1), die Pflicht zur Herstellung eines Kunstwerks, im Zweifel auch die Pflicht zur Leistung von Diensten (§ 613 S. 1).

Im Einzelfall hängt die Entscheidung, ob ein Recht oder eine Pflicht auf den Erben übergeht, davon ab, ob das Recht bzw. die Pflicht ihrem Zwecke nach stärker persönlichkeitsbezogen oder stärker vermögensbezogen ist.

F_3 1) Geht auf den Erben über
a) das Amt des Vormunds,
b) der Anspruch auf Schmerzensgeld,
c) der Anspruch auf Zugewinnausgleich,
d) die Pflicht zur Erfüllung eines Auftrags?

2) Sie haben gesehen, daß die Mitgliedschaft in einem Verein (Ausnahme § 40) nicht vererblich ist. Können Sie dann erklären, warum die Pflicht zur Zahlung rückständiger Vereinsbeiträge dennoch auf den Erben übergeht?

A_3 1a) Nein, da bei der Auswahl des Vormunds – wie bei der Auswahl jedes anderen Amtsträgers – die persönlichen Eigenschaften besonders wichtig sind, vgl. § 1779 II.

b) Nein (von den in § 847 I 2 a.E. genannten Ausnahmen abgesehen), da der Schmerzensgeldanspruch nicht dem Vermögensausgleich, sondern dem Ausgleich immaterieller Schäden und der persönlichen Genugtuung des Verletzten dient.

c) Ja (§ 1378 III), da der Anspruch auf Zugewinnausgleich rein vermögensbezogen ist.

d) Nein (§ 673 S. 1), da für die Erteilung eines Auftrags die persönlichen Eigenschaften des Beauftragten wesentlich sind.

2) Aus der Mitgliedschaft können sich verschiedene Rechte und Pflichten ergeben. Soweit diese rein vermögensbezogen sind, und das ist bei der Beitragspflicht der Fall, steht ihrem Übergang auf den Erben nichts im Wege.

Zur Vertiefung, besonders hinsichtlich der Frage, ob das allgemeine Persönlichkeitsrecht über den Tod hinauswirkt, lesen Sie bitte Brox, Erbrecht[2], Rdnr. 12–18, und die Mephisto-Entscheidung des BGH (BGHZ 50, 133).

F_4 Die ersten drei Bücher des BGB enthalten einige Vorschriften, die Spezialfragen hinsichtlich des Umfangs der Gesamtnachfolge klären. Zur Wiederholung dieser Vorschriften folgende Fälle:

a) A möchte sich von einem Teil seiner Gemäldesammlung trennen. Bild a bietet er mit Schreiben vom 1. 8. dem K_1 zum Kauf an. Das Schreiben geht dem K_1 am 2. 8. zu. Am 3. 8. stirbt A. Am 4. 8. erklärt K_1 gegenüber dem Alleinerben S die Annahme des Angebots. Ist ein wirksamer Kaufvertrag zustande gekommen? Formulieren Sie die Antwort mit Hilfe von § 153.

b) Bild b bietet A mit Schreiben vom 1. 8. dem K_2 zum Kauf an. Der Brief geht dem K_2 erst am 4. 8., also einen Tag nach dem Tod des A, zu. K_2 erklärt sogleich die Annahme. Ist ein wirksamer Kaufvertrag zustande gekommen?
Formulieren Sie die Antwort mit Hilfe von §§ 130 II, 153.

c) Am 1. 8. erteilt A dem V Vollmacht, Bild c zu verkaufen. V verkauft es am 4. 8., also einen Tag nach dem Tod des A, an K_3. Ist ein wirksamer Kaufvertrag zustande gekommen? Formulieren Sie die Antwort mit Hilfe von §§ 168 S. 1, 672 S. 1.

d) Mit Bild d ist A persönlich zu einem Interessenten unterwegs. Am Abend des 3. 8. stirbt er im Hotel an einem Schlaganfall. Am Morgen des 4. 8. nimmt der Hotelier H das Bild an sich und veräußert es an K_4, der H für den Eigentümer hält. Ist K_4 Eigentümer geworden?
Formulieren Sie die Antwort mit Hilfe von §§ 935 I 1, 857.

A_4 a) Ja, da K_1 das Angebot des A auch nach dessen Tod noch annehmen konnte, § 153.

b) Ja, da das von A abgegebene Angebot nach § 130 II dem K_2 auch noch nach dem Tod des A wirksam zugehen und nach § 153 von K_2 angenommen werden konnte.

c) Ja, da die Vollmacht des V nach § 168 S. 1 erst mit dem ihr zugrunde liegenden Rechtsverhältnis, dem Auftrag, endet und dieser nach § 672 S. 1 nicht durch den Tod des A erlischt.

d) Nein, da K_4 nicht vom Berechtigten erworben hat und gutgläubiger Erwerb durch § 935 I 1 ausgeschlossen ist, weil S den Besitz am Bild, der nach § 857 mit dem Erbfall auf ihn übergegangen war, unfreiwillig verloren hat.

I_5 Es gehen also nicht nur „fertige“ Rechte und Pflichten, sondern auch „ sich anbahnende“ Rechtsverhältnisse auf den Erben über, ferner auch der unmittelbare Besitz, obwohl er kein Recht, sondern ein tatsächliches Verhältnis ist.

(Daß auch Gestaltungsrechte wie z. B. das Anfechtungsrecht oder das Rücktrittsrecht zum Vermögen gehören und daher auf den Erben übergehen, bedarf keiner besonderen Begründung, sei aber deswegen noch besonders erwähnt, weil es bei Fallbearbeitungen leicht übersehen wird.)

F_5 Wiederholungsfrage zu § 1922:
Was bedeutet Universalsukzession?

A_5 Übergang des Vermögens als Ganzes vom Erblasser auf den bzw. die Erben.

I_6 Der Grundsatz der Universalsukzession wird nur ausnahmsweise durchbrochen:

1. Nach dem *Anerbenrecht*, insbesondere nach der Höfeordnung für die Länder der früheren britischen Besatzungszone, geht ein Hof samt Bestandteilen und Zubehör mit dem Erbfall immer nur auf *eine* Person (den *Anerben*) über, unabhängig davon, welche und wie viele Personen Erben des sonstigen Vermögens des Erblassers werden. Es findet also eine *Sondererbfolge* in einem bestimmten Teil des Vermögens statt. Sie soll dem Ziel dienen, die Zersplitterung des bäuerlichen Grundbesitzes zu vermeiden und so die Wirtschaftlichkeit der Höfe zu erhalten.

2. Nach § 569 a I 1, II 1 und 2 geht eine *Mietwohnung* vom Erblasser auf seinen Ehegatten oder andere Familienangehörige, die mit ihm einen gemeinsamen Hausstand führten, über. Diese Einzelnachfolge in das Mietverhältnis ist unabhängig davon, ob der Nachfolger *Erbe* des Mieters ist.

3. Besonders wichtig ist:
Im Gesellschaftsrecht kann der Grundsatz der Universalsukzession in der Weise durchbrochen werden, daß der *Gesellschaftsanteil* des Erblassers unmittelbar auf *einen* von mehreren Erben übergeht. Die dogmatische Einordnung und Einzelheiten sind sehr umstritten. Das Nähere ist im Gesellschaftsrecht zu behandeln.

I_7 Grundsätzlich findet also eine Einzelnachfolge in einen zum Nachlaß gehörenden Vermögensgegenstand nicht statt. Wohl aber kann ein *schuldrechtlicher Anspruch* auf einen Vermögensgegenstand begründet werden, und zwar durch *Vermächtnis*, §§ 1939, 2174.

F_7 Der Erblasser E hat den S zu seinem Alleinerben eingesetzt und ein Vermächtnis errichtet, demzufolge V seine Briefmarkensammlung erhalten soll. Welche Rechtsstellung in bezug auf die Briefmarkensammlung erhalten S und V durch den Erbfall?

A_7 S wird nach § 1922 I Eigentümer der Briefmarkensammlung; V erhält einen schuldrechtlichen Anspruch aus § 2174 gegen S auf Übereignung der Sammlung.

I_8 (Der Inhalt dieser Information dient nur der Vorbereitung auf die späteren Kapitel. Er wird dort im einzelnen noch wiederholt und vertieft.)
Wer Erbe werden soll und wer ein Vermächtnis erhalten soll, kann der Erblasser durch *Verfügung von Todes wegen* bestimmen.

Verfügungen von Todes wegen sind entweder *einseitige* Rechtsgeschäfte (*Testament*, § 1937) oder *zweiseitige* Rechtsgeschäfte (*Erbvertrag*, § 1941 I).

Der Unterschied zwischen Testament und Erbvertrag liegt vor allem in der *Bindung*: Ein Testament kann der Erblasser jederzeit frei widerrufen, einen Erbvertrag nicht.

Bestimmt der Erblasser nicht durch Verfügung von Todes wegen, wer Erbe werden soll (*gewillkürte* Erbfolge), so tritt *gesetzliche* Erbfolge ein. Gesetzliche Erben sind die Verwandten und der Ehegatte des Erblassers. Die gesetzliche Erbfolge ist gegenüber der gewillkürten Erbfolge subsidiär.

Hinsichtlich des Inhalts einer Verfügung von Todes wegen ist der Erblasser frei (Grundsatz der *Testierfreiheit*). Er kann also, ohne an die gesetzliche Erbfolge gebunden zu sein, bestimmen, wer Erbe werden soll und zu welchem Bruchteil jemand Erbe werden soll.

Übergeht der Erblasser bei der Erbeinsetzung jedoch bestimmte gesetzliche Erben, nämlich seine Abkömmlinge, den Ehegatten oder seine Eltern, so erhalten diese einen schuldrechtlichen Anspruch auf Geldzahlung aus dem Nachlaß (einen *Pflichtteilsanspruch*). Die Höhe des Pflichtteils beträgt die Hälfte des Wertes des gesetzlichen Erbteils.

Für bestimmte Anordnungen und für die Entgegennahme bestimmter Erklärungen im Bereich des Erbrechts ist das *Nachlaßgericht* zuständig. Nachlaßgericht ist das Amtsgericht, in dessen Bezirk der Erblasser seinen letzten Wohnsitz hatte, §§ 72, 73 I FGG.

Kapitel II

GESETZLICHE ERBFOLGE

I_1 Die *gesetzliche* Erbfolge tritt ein, wenn der Erblasser nicht durch Verfügung von Todes wegen die Erbfolge bestimmt hat (*gewillkürte* Erbfolge). Gewillkürte Erbfolge beruht auf Testament (§ 1937) oder Erbvertrag (§ 1941 I).

Die gewillkürte Erbfolge hat also Vorrang vor der gesetzlichen (*Subsidiarität der gesetzlichen Erbfolge*). Der Vorrang gilt auch dann, wenn der Erblasser nur über einen Teil der Erbschaft eine Verfügung von Todes wegen getroffen hat. In diesem Fall tritt hinsichtlich des übrigen Teils die gesetzliche Erbfolge ein, § 2088.

F_1 Erblasser E hat in einem Testament seine Nichte N zur Alleinerbin eingesetzt. Ist der Sohn S des E gesetzlicher Erbe geworden?

A_1 S ist nicht gesetzlicher Erbe geworden, da die testamentarische Erbfolge die gesetzliche ausschließt. N ist testamentarische Erbin geworden.

I_2 Als gesetzliche Erben kommen in Betracht:

1. die *Verwandten* des Erblassers, §§ 1924ff.
2. der *Ehegatte* des Erblassers, §§ 1931ff.
3. der *Staat*, § 1936.

Dem gesetzlichen Erbrecht des Staates kommt nur geringe Bedeutung zu. Es besteht nur dann, wenn weder ein Verwandter noch der Ehegatte den Erblasser beerbt, § 1936. Den Begriff der Verwandtschaft bestimmt § 1589.

F_2 Ist das nichteheliche Kind mit seinem Vater verwandt?

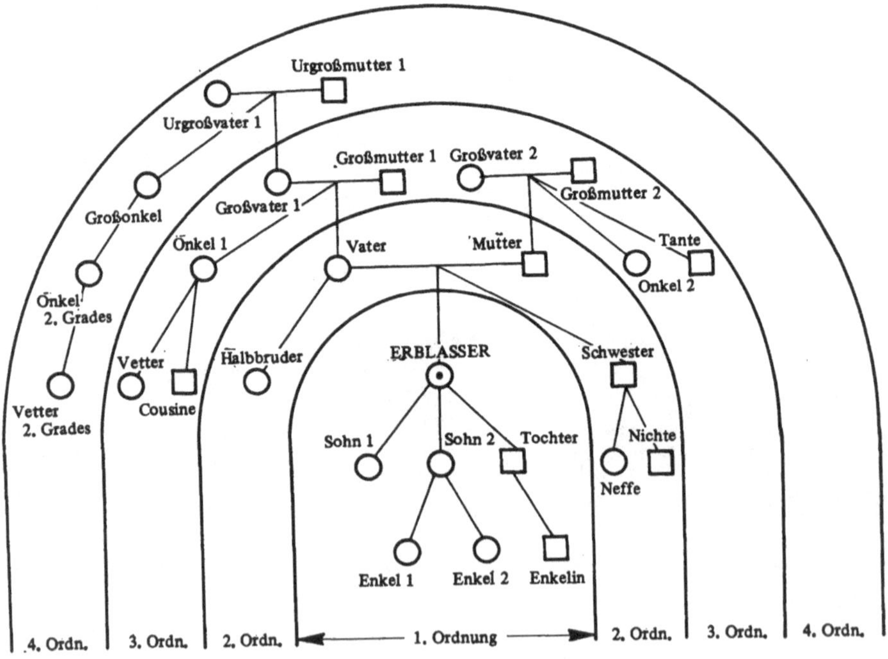

A_2 Ja, nach § 1589 S. 1 ist das nichteheliche Kind mit seinem Vater verwandt. (Der frühere § 1589 II, nach dem das nichteheliche Kind und dessen Vater als nicht verwandt galten, ist durch das Gesetz über die rechtliche Stellung der nichtehelichen Kinder vom 19. 8. 1969 aufgehoben worden.)

I_3 Welche *Verwandten* des Erblassers zur gesetzlichen Erbfolge berufen sind, richtet sich zunächst danach, welchen *Ordnungen* sie angehören. Lesen Sie §§ 1924 I, 1925 I, 1926 I, 1928 I, 1929 I.
Die Gliederung der Verwandtschaft in Ordnungen (= Parentēlen) wird *Parentēlsystem* genannt, weil sie auf einen gemeinsamen Elternteil oder ein gemeinsames Elternpaar abstellt. Die Gliederung der Verwandtschaft nach Parentēlen zeigt das Schaubild unter F_2.

(Das Parentēlsystem steht im Gegensatz zum *Gradualsystem*, demzufolge der Erbe nach dem Grad der Verwandtschaft zu bestimmen wäre. Was „Grad der Verwandtschaft" heißt, sagt § 1589 S. 3. In der Zeichnung eines Stammbaums entspricht jede Linie, die zwei verwandte Personen unmittelbar miteinander verbindet, *einer* „vermittelnden Geburt" und somit *einem* Grad der Verwandtschaft.)

Die Auswahl der Erben aus dem Kreis der Verwandtschaft erfolgt nach § 1930. Danach schließt ein Verwandter einer vorhergehenden Ordnung Verwandte nachfolgender Ordnungen aus.

F_3 Der Erblasser E stirbt. Erben welcher *Ordnung* sind:

a) sein Neffe,

b) seine Enkelkinder,

c) sein Halbbruder?

d) Wer von diesen Verwandten (alle übrigen sind bereits gestorben) wird gesetzlicher Erbe?

e) In welchem *Grade* sind Neffe, Enkelkinder und Halbbruder mit dem Erblasser verwandt?

A_3 a) Der Neffe ist gemäß § 1925 I Erbe der 2. Ordnung, da er kein Abkömmling des Erblassers, wohl aber ein Abkömmling (Enkel) der Eltern des Erblassers ist.

b) Die Enkelkinder sind nach § 1924 I Erben der 1. Ordnung, da sie Abkömmlinge des Erblassers sind.

c) Der Halbbruder ist nach § 1925 I Erbe der 2. Ordnung, da er ein Abkömmling (Kind) der Eltern des Erblassers ist.

d) Gemäß § 1930 werden die Enkelkinder gesetzliche Erben. Sie schließen als Erben der 1. Ordnung den Neffen und den Halbbruder als Erben der 2. Ordnung aus.

e) Der Neffe ist mit dem Erblasser im 3. Grade verwandt, die Enkel und der Halbbruder im 2. Grade.

I_4 Sind mehrere Verwandte der 1. Ordnung vorhanden, so erfolgt die Bestimmung der Erben nach *Stämmen*. Jedes Kind des Erblassers bildet zusammen mit seinen Nachkommen einen Stamm. Jeder Stamm erhält den gleichen Erbteil, § 1924 IV.

In der 2. Ordnung erfolgt die Bestimmung der Erben nach *Linien*. Jeder Elternteil des Erblassers bildet zusammen mit seinen Nachkommen eine Linie. Jede Linie erbt zu gleichen Teilen.

B In der Zeichnung unter F_2 gehören zur Linie des Vaters der Halbbruder sowie die Schwester und ihre beiden Kinder; zur Linie der Mutter gehören die Schwester und ihre Kinder; gemeinsame Abkömmlinge der Eltern gehören also zu beiden Linien.

Sind nur Verwandte der 3. Ordnung vorhanden, so bildet jeder Großelternteil zusammen mit seinen Nachkommen eine Linie; in der 3. Ordnung gibt es demnach vier Linien, die ebenfalls zu gleichen Teilen erben.

B In der Zeichnung unter F_2 bestehen die vier Linien aus:

1. Großvater$_1$, Onkel$_1$, Vetter, Cousine;
2. Großmutter$_1$, Onkel$_1$, Vetter, Cousine;
3. Großvater$_2$, Onkel$_2$, Tante;
4. Großmutter$_2$, Onkel$_2$, Tante.

Von Stamm spricht man also hinsichtlich der Nachkommen, von Linie hinsichtlich der Vorfahren und Seitenverwandten des Erblassers.

F_4 Witwer E hinterläßt bei seinem Tode 4 Kinder. Es leben außerdem noch die Eltern des E.

a) Wie groß ist die Zahl der Stämme?

b) Wer wird in welcher Höhe gesetzlicher Erbe des E?

A_4 a) Da jedes Kind einen Stamm bildet, sind 4 Stämme vorhanden.

b) Die vier Kinder des E schließen als gesetzliche Erben der 1. Ordnung die Eltern des E als gesetzliche Erben der 2. Ordnung aus, § 1930. Jedes Kind erhält ein Viertel der Erbschaft, § 1924 IV.

I_5 Innerhalb jedes Stammes bzw. jeder Linie gelten für die Auswahl der Erben das *Repräsentationsprinzip* und das *Eintrittsrecht.*

Das Repräsentationsprinzip besagt, daß ein *lebender* Elternteil den gesamten Stamm oder die gesamte Linie repräsentiert, d. h. seine sämtlichen Nachkommen von der Erbfolge in den auf den Stamm bzw. die Linie entfallenden Erbteil ausschließt, §§ 1924 II, 1925 II, 1926 II.

B Der Erblasser E hinterläßt eine Tochter T, die drei Kinder hat. Zwar gehören alle vier zur 1. Ordnung, aber die T schließt gemäß § 1924 II ihre Kinder von der Erbfolge aus.

Das Eintrittsrecht besagt, daß an die Stelle eines z. Z. des Erbfalls schon *verstorbenen* Elternteils dessen Abkömmlinge treten, §§ 1924 III, 1925 III, 1926 III.

F_5 Der Erblasser E hinterläßt 2 Söhne (S_1, S_2). S_1 ist kinderlos, während S_2 zwei Kinder hat. Außerdem leben zur Zeit des Erbfalls drei Kinder (K_1, K_2, K_3) der vorverstorbenen Tochter T des E.

Wie wird die Erbschaft aufgeteilt?

(Fertigen Sie dazu bitte eine Zeichnung der Verwandtschaftsverhältnisse an.)

A_5

Gemäß § 1924 IV erben S_1 und S_2 je ein Drittel. Die beiden Kinder des S_2 werden durch S_2 von der Erbfolge ausgeschlossen, § 1924 II (Repräsentationsprinzip). An die Stelle der T treten ihre Kinder K_1, K_2 und K_3, die somit je 1/9 erben, § 1924 III (Eintrittsrecht).

F_6 Wiederholungsfall zur Verwandtenerbfolge:

Von den Verwandten des Pfarrers P leben zur Zeit seines Todes noch sein Vater V, sein Bruder B und sein Halbbruder HB (ein Sohn des V aus dessen 2. Ehe). P hat ein Testament gemacht, das nur die Anordnung enthält, seine Haushälterin H solle die Hälfte seines Vermögens erben.
Wer wird zu welchen Anteilen Erbe des P?

A_6 Die gewillkürte Erbfolge geht der gesetzlichen Erbfolge vor. Daher ist die H Erbin. Sie ist aber nur auf die Hälfte eingesetzt. Hinsichtlich der anderen Hälfte muß daher gesetzliche Erbfolge eintreten, § 2088 I. Erben 1. Ordnung sind nicht vorhanden. In der 2. Ordnung entfällt auf jede der beiden Linien der gleiche Anteil (also die Hälfte der Hälfte). Die eine Linie wird, da der Vater des Erblassers noch lebt, durch diesen repräsentiert. V bekommt also ein Viertel. In der anderen Linie tritt, da die Mutter des Erblassers nicht mehr lebt, deren Abkömmling B an ihre Stelle. B bekommt also ebenfalls ein Viertel. Der Halbbruder HB beerbt den P nicht, da er in der Linie des Vaters des P durch den noch lebenden V ausgeschlossen ist, in der Linie der Mutter des P aber nicht eintreten kann, weil er nicht Abkömmling der Mutter ist. (Sie sehen, daß bei halbbürtigen Geschwistern die Funktion der Verteilung des Nachlasses auf einzelne Linien besonders deutlich wird.)

(Wenn Sie diesen Fall nicht richtig gelöst haben, so arbeiten Sie bitte Kap. II, I_{1-5} noch einmal durch!)

I_7 Das soeben behandelte Erbrecht der Verwandten wird durch das Erbrecht des überlebenden *Ehegatten* beschränkt.

Die Quote des Ehegatten richtet sich erstens danach, welcher Ordnung die zur gesetzlichen Erbfolge berufenen Verwandten des Erblassers angehören, und zweitens danach, in welchem Güterstand der Erblasser zur Zeit des Erbfalls gelebt hat.

Unabhängig vom Güterstand erhält der überlebende Ehegatte gemäß § 1931 I 1 neben Verwandten der 1. Ordnung ein Viertel, neben Verwandten der 2. Ordnung oder neben Großeltern die Hälfte der Erbschaft. Sind weder Verwandte der 1. oder 2. Ordnung noch Großeltern vorhanden, so erhält der überlebende Ehegatte die ganze Erbschaft, § 1931 II.

F_7 Der Erblasser E hinterläßt seine Ehefrau und seine Brüder B_1 und B_2. Welche Quote erhält die Ehefrau nach § 1931 I 1?

A_7 F erbt gemäß § 1931 I 1 die Hälfte, da B_1 und B_2 gemäß § 1925 I Erben der 2. Ordnung sind.

I_8 Lebten die Ehegatten im gesetzlichen Güterstand (*Zugewinngemeinschaft*), so erhöht sich der gesetzliche Erbteil des überlebenden Ehegatten um ein Viertel der Erbschaft, §§ 1931 III, 1371 I. Dies dient der Verwirklichung des Zugewinnausgleichs.

(Über den Zugewinnausgleich in dem Fall, daß der überlebende Ehegatte nicht gesetzlicher Erbe wird, s. unten Kap. VIII, I_{10-12}.)

F_8 Der Erblasser E lebte mit seiner Frau F in Zugewinngemeinschaft. Aus der Ehe ist eine Tochter T hervorgegangen. Wie hoch ist der Erbteil von F und T?

A_8 Da T gemäß § 1924 I Erbin der 1. Ordnung ist, erhält F nach § 1931 I ein Viertel der Erbschaft. Dieses Viertel erhöht sich nach § 1371 I um ein weiteres Viertel. F und T erben daher je zur Hälfte.

I_9 Lebten die Ehegatten in *Gütertrennung*, so ist (seit 1970) § 1931 IV zu beachten: Sind neben dem überlebenden Ehegatten ein oder zwei Kinder des Erblassers als gesetzliche Erben berufen, so erbt der Ehegatte und jedes Kind zu gleichen Teilen. Neben einem Kind erbt er somit die Hälfte, neben zwei Kindern ein Drittel der Erbschaft. Die Vorschrift des § 1931 IV will die Stellung des überlebenden Ehegatten, der ja bei Gütertrennung keinen Zugewinnausgleich erhält, verbessern. Der Ehegatte soll erbrechtlich nicht schlechter stehen als ein Kind des Erblassers.

F_9 Warum bedurfte es der Regelung des § 1931 IV nicht für den Fall, daß der Erblasser drei Kinder hinterläßt?

A_9 Bei drei Kindern erhält sowohl der Ehegatte als auch jedes Kind ein Viertel der Erbschaft. Weil der Ehegatte daher nicht schlechter steht als ein Kind des Erblassers, war eine Abänderung des § 1931 I nicht erforderlich.

(Anm.: Lebte der Erblasser in *Gütergemeinschaft*, so sind §§ 1482, 1483 anzuwenden.)

I_{10} Wie Sie schon wissen, wurde durch das Gesetz über die rechtliche Stellung der *nichtehelichen* Kinder vom 19. 8. 1969 die Vorschrift des § 1589 II aufgehoben, nach der ein nichteheliches Kind und dessen Vater als nicht verwandt galten. Auf das Verhältnis zwischen dem nichtehelichen Kind und seinem *Vater* finden daher in Zukunft grundsätzlich die Vorschriften des Verwandtenerbrechts Anwendung. Dies setzt jedoch voraus, daß

1. der Erbfall nach dem 30. 6. 1970 eingetreten ist und
2. das nichteheliche Kind nach dem 30. 6. 1949 geboren ist, vgl. Art. 12 § 10 NEhelG.

Gegen die Verfassungsmäßigkeit dieser zweiten Einschränkung werden allerdings schwerwiegende Bedenken erhoben, vgl. Flessner, JuS 1969, 560.

Auf das Verhältnis des nichtehelichen Kindes zu seiner *Mutter* waren schon bisher die Vorschriften des Verwandtenerbrechts uneingeschränkt anwendbar.

F_{10} Der 20 Jahre alte nichteheliche Sohn K des V verunglückt 1972 tödlich. Von den Verwandten des K lebt außer V nur noch die Großmutter G mütterlicherseits.
Wer wird gesetzlicher Erbe?

A_{10} V ist nach § 1925 I Erbe der 2. Ordnung,
G ist nach § 1926 I Erbin der 3. Ordnung.
Gemäß § 1930 wird V daher Alleinerbe.

I_{11} Wenn das nichteheliche Kind *beim Tode seines Vaters* neben ehelichen Kindern oder der Ehefrau des Erblassers erben würde, so würde dies nach Ansicht des Gesetzgebers zu einer Erbengemeinschaft führen, in der eine gedeihliche Zusammenarbeit häufig unmöglich wäre. Das nichteheliche Kind erhält daher in diesem Fall anstelle seines gesetzlichen Erbteils einen sog. *Erbersatzanspruch* gegen die Erben, § 1934 a I. Der Erbersatzanspruch ist ein Zahlungsanspruch gegen die Erben in Höhe des Wertes des gesetzlichen Erbteils. Da der Erbersatzberechtigte nicht Erbe ist, wird er bei der Bestimmung der Quoten der Erben nicht berücksichtigt.

Auch *beim Tode des nichtehelichen Kindes* gibt es einen Erbersatzanspruch, und zwar für seinen Vater; lesen Sie dazu § 1934 a II und III.

F_{11} Witwer E hinterläßt zwei eheliche Kinder (A und B) und ein nichteheliches Kind C. Der Wert des Nachlasses beträgt 90.000,– DM. Wie ist die Rechtsstellung von A, B und C hinsichtlich des Nachlasses?

A_{11} Ohne Berücksichtigung des Erbersatzanspruchs wären A, B und C gemäß § 1924 I und IV Erben zu je einem Drittel. Nach § 1934 a I erhält C jedoch nur einen schuldrechtlichen Erbersatzanspruch in Höhe von 30.000,– DM. Erben sind nur A und B, und zwar je zur Hälfte.

I_{12} Gemäß § 1934 d I kann das nichteheliche Kind zwischen der Vollendung des 21. und des 27. Lebensjahres von seinem Vater einen *vorzeitigen Erbausgleich* in Geld verlangen. Der Ausgleichsbetrag beläuft sich im Regelfall auf das Dreifache des durchschnittlichen Jahresunterhalts der letzten 5 Jahre. Lesen Sie § 1934 d II.

Durch den vorzeitigen Erbausgleich soll das nichteheliche Kind die Möglichkeit erhalten, von seinem Vater eine Starthilfe für die Berufsausbildung oder die Gründung eines Hausstandes zu verlangen. Macht es von dieser Möglichkeit Gebrauch, so erlöschen die erbrechtlichen Beziehungen zwischen ihm und seinem Vater; gesetzliches Erbrecht, Erbersatzanspruch oder Pflichtteilsanspruch scheiden also aus, § 1934 e.

F_{12} Kann der Vater sein nichteheliches Kind gegen dessen Willen durch vorzeitigen Erbausgleich abfinden?

A_{12} Nein, gemäß § 1934 d I tritt der vorzeitige Erbausgleich nur auf Verlangen des Kindes ein; der Vater hat also kein Abfindungsrecht.

Kapitel III

VERFÜGUNGEN VON TODES WEGEN
(Grundfragen)

I_1 In Kapitel II haben Sie die gesetzliche Erbfolge kennengelernt. Sie ist der gewillkürten Erbfolge gegenüber subsidiär. Der Vorrang der gewillkürten Erbfolge vor der gesetzlichen folgt aus dem Grundsatz der *Testierfreiheit.* Dieser Grundsatz besagt zunächst, daß der Erblasser jede beliebige (natürliche oder juristische) Person ohne Angabe von Gründen zu seinem Erben machen kann, § 1937.

Die Testierfreiheit kann nicht durch schuldrechtliche Vereinbarungen beschränkt werden, § 2302.

F_1 Der reiche Erblasser E hat in seinem Testament bestimmt: „Der Verein für Bewährungshilfe e.V. soll mein Alleinerbe sein." Die zahlreiche Verwandtschaft ist empört. Niemand kann sich denken, warum E die Verwandten übergangen hat.
Ist der Verein Erbe geworden?

A_1 Ja. Der Verein ist Alleinerbe geworden. Aufgrund seiner Testierfreiheit konnte E von der gesetzlichen Erbfolge abweichen und zum Erben machen, wen er wollte, § 1937.

I_2 Die *Testierfreiheit* gilt aber nicht nur für die Bestimmung des Erben, sondern allgemein für den Inhalt der Verfügungen des Erblassers: Der Erblasser kann grundsätzlich frei darüber entscheiden, wie sein Vermögen nach seinem Tode zu verwalten und zu verteilen ist.

Die Testierfreiheit gewährt also dem Erblasser die Möglichkeit, für die Zeit nach dem Tode nach seinem Belieben rechtswirksame Bestimmungen über sein Vermögen zu treffen. Sie ist die erbrechtliche Ausprägung der *Privatautonomie.* Im Bereich der Rechtsgeschäfte unter Lebenden entspricht ihr die *Vertragsfreiheit.*

Sie wissen, daß bei der Vertragsfreiheit zu unterscheiden ist zwischen *Abschlußfreiheit* und *Gestaltungsfreiheit.* Abschlußfreiheit herrscht im Schuldrecht und im Sachenrecht, die Gestaltungsfreiheit ist hingegen nur im Schuldrecht voll gewahrt, im Sachenrecht aber durch den *Typenzwang* weitgehend eingeschränkt. Einen Typenzwang kennt auch das Erbrecht: Der Erblasser kann seinen letzten Willen nur im Rahmen der vom Erbrecht ausgestalteten Rechtsinstitute verwirklichen; er kann diese nicht abändern oder neue schaffen.

B Auf den Erben gehen im Wege der Universalsukzession die Rechte *und* Pflichten des Erblassers über. Der Erblasser kann daher nicht bestimmen, daß A zwar sein Erbe sein, aber nicht für seine Schulden haften solle.

F_2 Bestimmen Sie die Beziehungen zwischen den Begriffen Abschlußfreiheit, Gestaltungsfreiheit, Privatautonomie, Testierfreiheit, Typenzwang und Vertragsfreiheit:

a) Der Gegensatz zum Typenzwang ist die ....

b) Die Vertragsfreiheit umfaßt ..... und ....

c) Der Vertragsfreiheit bei Rechtsgeschäften unter Lebenden entspricht (wie diese im Sachenrecht eingeschränkt durch Typenzwang) bei Verfügungen von Todes wegen die ....

d) Vertragsfreiheit und Testierfreiheit sind Bestandteile der ....

A_2 a) Gestaltungsfreiheit,

b) Abschlußfreiheit, Gestaltungsfreiheit.

c) Testierfreiheit,

d) Privatautonomie.

I_3 Der Typenzwang beschränkt die Gestaltungsmöglichkeiten, in denen sich der Wille des Erblassers verwirklichen kann. Diese Beschränkung der Testierfreiheit wird aber dadurch abgeschwächt, daß beliebige Kombinationen der verschiedenen Typen möglich sind. Diese Kombinationsmöglichkeiten lassen es zu, trotz der Bindung an bestimmte rechtliche Gestaltungsformen im wirtschaftlichen Ergebnis den Willen des Erblassers weitgehend durchzusetzen.

B Der Erblasser kann (s. Kap. I, I_1) wegen des Grundsatzes der Universalsukzession nicht erreichen, daß mit dem Erbfall der Miterbe A Eigentümer des Hauses, Miterbe B Eigentümer des Bargeldes usw. wird. Aber er kann die Erbeinsetzung mit einer Anordnung über die Aufteilung des Nachlasses (§ 2048) oder mit entsprechenden Vermächtnissen zugunsten der einzelnen Miterben (§ 2150) verbinden, so daß auf dem Wege über die Verwirklichung eines schuldrechtlichen Anspruchs jeder doch Inhaber des ihm zugedachten Rechtes wird.

Die Bindung an bestimmte rechtliche Gestaltungsformen (*Typenzwang*) ist nicht zu verwechseln mit dem Formzwang (*Formbedürftigkeit*) bei Verfügungen von Todes wegen. Jene betrifft den Inhalt, dieser die äußere Form, in welcher der letzte Wille des Erblassers sich äußern muß, wenn er wirksam sein soll.

I_4 Was mit seinem Nachlaß geschehen soll, bestimmt der Erblasser durch *Verfügung von Todes wegen.*

Der Begriff der *Verfügung* umfaßt hier *jede* testamentarische oder erbvertragliche Anordnung des Erblassers in bezug auf sein Vermögen, die mit seinem Tode wirksam werden soll, z. B. Erbeinsetzung (§ 1937), Enterbung (§ 1938), Errichtung eines Vermächtnisses (§ 1939), Einsetzung eines Testamentsvollstreckers (§ 2197).

Außer solchen erbrechtlichen Anordnungen kann der Erblasser durch Verfügung von Todes wegen auch Anordnungen treffen, die sich nicht auf den Nachlaß beziehen: Er kann familienrechtliche Bestimmungen treffen, z. B. einen Vormund benennen, § 1777. Er kann eine Stiftung errichten, § 83. Er kann bei Verträgen zugunsten Dritter (z. B. Lebensversicherung) den begünstigten Dritten bestimmen, § 332.

F_4 Im Bereich der Rechtsgeschäfte unter Lebenden versteht man unter „Verfügung" ein Rechtsgeschäft, das auf den Bestand eines Rechtes unmittelbar einwirkt (Übertragung, Belastung, Veränderung oder Aufhebung eines Rechtes). Deckt sich hiermit der Begriff „Verfügung von Todes wegen"?

A_4 Nein. Der Begriff „Verfügung von Todes wegen" ist weiter als der allgemeine Verfügungsbegriff, da er jede rechtsgeschäftliche Anordnung des Erblassers umfaßt, die mit seinem Tode wirksam werden soll, auch wenn sie nicht unmittelbar auf ein bestehendes Recht einwirkt, sondern, wie z. B. ein Vermächtnis, nur einen schuldrechtlichen Anspruch begründet.

I_5 Sie haben bereits gelesen, daß es einseitige und zweiseitige Verfügungen von Todes wegen gibt. Im folgenden wird zunächst das *Testament*, also die *einseitige* Verfügung von Todes wegen, behandelt. (Statt „Testament" gebraucht das Gesetz auch den Ausdruck „*letztwillige Verfügung*", vgl. § 1937.)

Das Testament ist eine nichtempfangsbedürftige Willenserklärung.

F_5 Was hat das Testament formal mit einer Kündigung gemeinsam?
Worin unterscheidet es sich von ihr?

A_5 Beides sind einseitige Rechtsgeschäfte; die Kündigung ist aber empfangsbedürftig, das Testament nicht.

I_6 Das Testament ist ein *höchstpersönliches* Rechtsgeschäft, § 2064. Stellvertretung bei der Testamentserrichtung ist also ausgeschlossen. Der Sinn dieser Regelung ist, daß der Erblasser allein die sittliche Verantwortung für Abweichungen von der gesetzlichen Erbfolge tragen soll. (Das schließt Beratung durch einen Dritten nicht aus. Sie gehört zu den wichtigsten Aufgaben des Notars.)

F_6 Kann A seinen Freund F bevollmächtigen, für ihn ein Testament zu errichten?

A_6 Nein. Das Testament ist ein höchstpersönliches Rechtsgeschäft, § 2064.

I_7 Um die Höchstpersönlichkeit der Testamentserrichtung sicherzustellen, untersagt § 2065 dem Erblasser, die Geltung einer letztwilligen Verfügung vom Willen eines Dritten abhängig zu machen (Abs. I) oder die Bestimmung der Person des Bedachten oder des Gegenstandes der Zuwendung einem Dritten zu überlassen (Abs. II).

Aus § 2065 II erwächst folgende Schwierigkeit: Wenn der Erblasser sein Vermögen nicht unter mehrere Erben aufteilen möchte, aber noch nicht zu übersehen vermag, welche der in Betracht kommenden Personen der geeignetste Erbe sein wird, wie soll er dann sachgerecht testieren können? Ist es nicht besser, die Entscheidung aufzuschieben, aber für den Fall seines vorzeitigen Todes vorsorglich die Auswahl des Erben einer Person seines Vertrauens zu übertragen?

Nach allgemeiner Ansicht ist die Einschaltung eines Dritten bei der Ermittlung des Erben nicht schlechthin ausgeschlossen. Eine freie Ermessensentscheidung des Dritten ist aber unzulässig. Fraglich ist, ob dem Dritten ein gebundenes Ermessen eingeräumt werden darf.

RGZ 159, 296 (299) hat (unter weitgehender Zustimmung der Literatur) die Auswahl des Erben durch einen Dritten für zulässig erklärt, sofern der Erblasser den in Betracht kommenden Personenkreis so eng begrenzt und die Gesichtspunkte für die Auswahl so genau angibt, daß der Dritte keine willkürliche, sondern eine überprüfbare, wenngleich auf eigener Wertung beruhende Entscheidung zu treffen hat.

Demgegenüber neigt der BGH – allerdings ohne zur Rechtsprechung des RG klar Stellung zu nehmen – schärferen Maßstäben zu (insbesondere BGHZ 15, 199): Der Dritte dürfe den Erben *nicht bestimmen*, sondern *nur bezeichnen*, ohne daß ein eigenes Ermessen dabei mitspiele. Die Ansicht des RG verdient den Vorzug. Sollte nur Bezeichnung des Erben, also bloße Subsumtion unter die Angaben des Erblassers, zulässig sein, so wäre das Erfordernis, einen *bestimmten* Dritten mit ihr zu betrauen, an dem auch der BGH festhalten will, überflüssig.

F_7 Der Rittergutsbesitzer Frh. v. F. hatte in seinem Testament bestimmt: „Mein Erbe soll derjenige von den Söhnen meiner Nichte N werden, den N als den geeignetsten erachten wird, das Gut zu bewirtschaften und in meinem Sinne sozial zu wirken."
Verstößt das Testament gegen § 2065 II?

A_7 Nein. F hatte eine bestimmte Person mit der Auswahl des Erben aus einem eng begrenzten Personenkreis betraut und für die Auswahl Kriterien angegeben, die genügend bestimmt waren, um nachprüfen zu können, ob N willkürlich oder anhand der Bestimmungen des F entschied.

(Die gegenteilige Auffassung, daß die Angabe der Auswahlkriterien nicht genau genug war, ist nicht unvertretbar; schließlich geht es um das zulässige Maß des Spielraumes, der dem Dritten eingeräumt werden kann, und dieses kann nicht exakt bestimmt werden.)

Anm.: Zur Vertiefung von Kap.III, I_1 f. (Testierfreiheit) und I_6 f. (Höchstpersönlichkeit) ist besonders geeignet der Aufsatz von Großfeld in JZ 68, 113–122.

I_8 Auf das Testament als Willenserklärung sind, soweit nicht Sondervorschriften des Erbrechts eingreifen, die allgemeinen Regeln über Willenserklärungen anwendbar. Grundsätzlich ist aber zu beachten: Bei Erklärungen unter Lebenden steht das Recht vor der Aufgabe, *zwei* Ziele optimal zu verwirklichen, nämlich einerseits den Willen des Erklärenden zur Geltung kommen zu lassen, andererseits das Vertrauen des Erklärungsempfängers zu schützen. Bei Testamenten stellt sich die zweite Aufgabe nicht: Testamentarische Zuwendungen sind stets unentgeltlich, und niemand hat auf sie Anspruch; daher wird ein schutzwürdiges Vertrauen auf testamentarische Erklärungen nicht anerkannt. Einer uneingeschränkten Berücksichtigung des Erblasserwillens setzt nur die Formbedürftigkeit des Testamentes Schranken.

Diese Grundsätze modifizieren die Anwendung von §§ 116ff. auf Testamente: Vorschriften und Prinzipien, die nur den *Vertrauensschutz* zum Ziele haben, gelten für Testamente *nicht.*

B § 122 ist auf Testamente nicht anzuwenden, und zwar nicht nur für den Fall der Anfechtung wegen Irrtums, für den § 2078 III dies eindeutig klarstellt, sondern auch für den Fall der nicht ernst gemeinten Erklärung, § 118 („Scherztestament").

F_8 Versuchen Sie, den Grundsatz der Irrelevanz des Vertrauensschutzes bei Testamenten auf den Fall des geheimen Vorbehalts (§ 116) anzuwenden:
Der Erblasser hat, nur um den Erbschleicher Y loszuwerden, den Y testamentarisch zum Erben eingesetzt und ihm das Testament gezeigt; nach dem Erbfall betrachtet sich Y als Erbe.

Mit Recht?

A_8 Nein. Daß ein geheimer Vorbehalt unbeachtlich ist, ordnet § 116 S. 1 nur um des Vertrauensschutzes willen an. (Dies zeigt insbesondere § 116 S. 2: Kennt der Erklärungsempfänger den Vorbehalt und fehlt es daher an einem schutzwürdigen Vertrauen, so wird die Erklärung nicht aufrecht erhalten.) Da bei Testamenten kein Vertrauensschutz gewährt wird, kann der wirkliche Wille des Erblassers respektiert werden. § 116 S. 1 paßt also nicht. Fehlt dem Erblasser der Rechtsgeltungswille (üblicher Terminus: „Erklärungsbewußtsein"), so liegt kein gültiges Testament vor (vgl. Lange, Erbrecht, § 34 II 1).

I_9 Ein gültiges Testament setzt also Rechtsgeltungswillen des Testierenden, kurz „*Testierwillen*" voraus. Ohne Testierwillen niedergeschriebene Texte, z. B. Entwürfe oder briefliche Mitteilungen über bereits abgefaßte oder erst zu errichtende letztwillige Verfügungen, sind keine Testamente. Ob Testierwille vorlag, ist im Einzelfall nach § 133 zu ermitteln.

F_9 E hatte an seinen Bruder B geschrieben: „Du weißt, daß ich Dich zu meinem Erben machen will." E starb jedoch ganz plötzlich, ohne irgendwelche weiteren Aufzeichnungen zu hinterlassen. Ist B sein testamentarischer Erbe geworden?

A_9 Nein. Nur der Brief des E an B käme als Testament in Betracht. Aber er enthält keine rechtsgeschäftliche Erklärung: Sowohl der Wortlaut als auch die naheliegende Möglichkeit, daß der letzte Wille des E detailliertere Bestimmungen enthalten sollte, als der Brief erwähnt, sprechen dagegen (und nichts spricht dafür), daß E Testierwillen hatte, d. h. schon mit diesem Brief den B zum Erben einsetzen wollte.

I_{10} Steht fest, *daß* der Erblasser Testierwillen gehabt hat, so ist durch *Auslegung* zu ermitteln, *welchen Inhalt* das Testament hat.

Wie bei Rechtsgeschäften unter Lebenden so ist auch bei Testamenten zu unterscheiden zwischen der *erläuternden* Auslegung, die den *wirklichen* Willen des Erblassers bei Errichtung des Testamentes erforscht, und der *ergänzenden* Auslegung, die den *hypothetischen* Willen zu ermitteln sucht, den der Erblasser bei Kenntnis gewisser Umstände, insbesondere künftiger Ereignisse, gehabt hätte.

Anders als Rechtsgeschäfte unter Lebenden sind aber Testamente vom Verständnishorizont des Erblassers her auszulegen, nicht vom sog. Empfängerhorizont aus. Daher können für die Auslegung auch solche Umstände Bedeutung gewinnen, die den Betroffenen (den Bedachten, den Übergangenen) nicht erkennbar waren.

F_{10} Versuchen Sie (unter Berücksichtigung von I_8) zu begründen, warum bei der Testamentsauslegung nicht nach dem „Empfängerhorizont“ gefragt werden muß.

A_{10} Da ein schutzwürdiges Vertrauen auf den Inhalt testamentarischer Verfügungen vom Gesetz nicht anerkannt wird, steht nichts im Wege, den formgerecht geäußerten Willen des Erblassers auch dann zur Geltung kommen zu lassen, wenn die Betroffenen ihn dem Testament nicht entnehmen konnten.

I_{11} Aus der Maßgeblichkeit des Erblasserwillens für den Inhalt der Erklärung ergeben sich hinsichtlich der Auslegung und Anfechtung von Testamenten zwei Probleme, deren Lösung in Rechtsprechung und Literatur umstritten ist und für die es einen vollständig befriedigenden Lösungsvorschlag bis heute nicht gibt:

1. Testamente sind formbedürftige Willenserklärungen (s. u. Kap. VI, I_4 ff.); wenn es zulässig sein sollte, den Erblasserwillen allein aufgrund außerhalb des Testamentes liegender Umstände zu ermitteln, läßt man dann nicht einen Erblasserwillen gelten, der nicht in der gehörigen Form erkärt ist?

2. Das Gesetz läßt auch bei Testamenten die Anfechtung wegen Inhalts- und Erklärungsirrtums zu, § 2078 I. Diese setzt ein Auseinanderfallen von Wille und Erklärungsinhalt voraus. Wenn der Inhalt der Erklärung sich aber nach dem Willen des Erklärenden richtet, welcher Raum bleibt dann noch für die Anfechtung?

F_{11} a) Warum bestehen Bedenken dagegen, den Erblasserwillen allein aus außerhalb des Testamentes liegenden Umständen zu ermitteln?

b) Wenn eine Erklärung unter Lebenden nach § 119 I anfechtbar sein soll, müssen Wille und Erklärungsinhalt auseinanderfallen. Welche Problematik ergibt sich bei der Anwendung dieses Kriteriums auf die Testamentsanfechtung?

A_{11} a) Weil das Testament eine formbedürftige Erklärung ist.

b) Bestimmt sich der Inhalt eines Testaments ausschließlich nach dem Erblasserwillen, so ist eine Nichtübereinstimmung von Wille und Erklärungsinhalt gar nicht denkbar. Eine Testamentsanfechtung wegen Erklärungs- oder Inhaltsirrtums kann es dann nicht geben.

I_{12} Dem allgemeinen Grundsatz, daß die Auslegung vom Wortlaut der Erklärung auszugehen hat, kommt beim Testament als einer formbedürftigen Erklärung besonderes Gewicht zu. Es ist daher zunächst stets zu prüfen, welchen Sinn der Wortlaut des Testaments ohne Berücksichtigung außerhalb des Testaments liegender Umstände ergibt.

Diese Prüfung kann zu einem eindeutigen Ergebnis führen. Die Rechtsprechung steht auf dem Standpunkt, daß in diesen Fällen ein aus Umständen außerhalb des Testaments erkennbarer abweichender Wille des Erblassers für die Ermittlung des Erklärungsinhalts nicht in Betracht komme, da ein *eindeutiger Wortlaut* nicht der Auslegung fähig sei (z. B. RG in JW 1909, 247 und BGH LM § 2084 Nr. 7; im Ergebnis abweichend allerdings BGH LM § 2100 Nr. 1).

Dieser Standpunkt der Rechtsprechung hat folgende Konsequenzen: Befand sich der Erblasser in einem *Erklärungsirrtum*, so gilt das Erklärte. Das Testament kann aber nach § 2078 I angefochten werden.

B E wollte seinem Bruder B 2.000,– DM vermachen, schrieb aber aus Versehen eine Null zuviel.

Dasselbe gilt, wenn der Erblasser glaubte, ein Wort in seiner richtigen oder üblichen Bedeutung zu verwenden, sich aber über diese irrte (*Inhaltsirrtum*).

F_{12} Der kinderlose E hatte in seinem Testament seine „gesetzlichen Erben" eingesetzt, weil er auf eine falsche Rechtsauskunft hin nur seine vollbürtigen Geschwister und nicht seine Halbgeschwister als gesetzliche Erben ansah. – Wer wird aufgrund dieses Testaments, das aus Pietät gegenüber dem E niemand anfechten möchte, Erbe des E?

A_{12} Sowohl die vollbürtigen als auch die halbbürtigen Geschwister werden Erben des E. Zwar wollte er nur erstere zu Erben einsetzen, aber er hat, da er die Bedeutung der von ihm gebrauchten Worte nicht verstand, auch letztere eingesetzt (vgl. § 1925) – ein Fall des Inhaltsirrtums, der nicht durch Auslegung zu heilen ist.

I_{13} Vom Standpunkt der Rechtsprechung aus müßte bei eindeutigem Wortlaut das Erklärte aber auch dann maßgeblich sein, wenn der Erblasser bewußt seine eigene, vom üblichen Wortgebrauch abweichende Terminologie verwendet (*bewußte Falschbezeichnung* oder Gebrauch einer Geheimsprache).

B Ein altbekannter Schulfall: E will dem F seinen Weinkeller vermachen, den er scherzhaft seine „Bibliothek" nennt.

Anfechtung würde allerdings in diesem Fall nicht weiterhelfen, da kein Irrtum vorliegt.

Es besteht jedoch Einigkeit darüber, daß bei bewußter Falschbezeichnung das Gewollte und nicht der Wortlaut der Erklärung maßgebend ist (so auch RG aaO.). Dann ist aber die These, ein eindeutiger Wortlaut sein nicht auslegungsfähig, so, wie sie bisher immer verstanden wurde, nicht aufrechtzuerhalten. Man muß vielmehr einräumen, daß die Feststellung, der Wortlaut eines Textes sei eindeutig, nicht ohne Rücksicht auf den Sprachgebrauch des Erblassers getroffen werden kann.

Für den Auslegungsvorgang ergibt sich daraus folgendes: Auch bei einem Text, der aus sich heraus eindeutig erscheint, ist noch zu prüfen, ob aus außerhalb des Textes liegenden Umständen ein abweichender Wille des Erblassers hervorgeht. Ist dies zu verneinen, so gilt der Wortlaut des Textes; ist es zu bejahen, so muß weiter gefragt werden, ob die Diskrepanz zwischen der üblichen Wortbedeutung und dem Willen des Erblassers diesem bewußt war oder auf einem Irrtum beruht. Im ersten Fall gilt das Gewollte, im zweiten hingegen der Wortlaut, jedoch mit der Möglichkeit der Anfechtung.

Die unterschiedliche Behandlung von bewußter Falschbezeichnung und Irrtum rechtfertigt sich daraus, daß bei diesem der Wortlaut des Testaments das Ergebnis einer fehlerhaften Umsetzung der Vorstellungen des Erblassers in den Text ist, so daß auch vom Horizont des Erklärenden aus, wenn dieser den Fehler bemerkt hätte, der Text nicht mehr als zutreffender Ausdruck des Gewollten angesehen werden könnte, während dies bei der bewußten Falschbezeichnung sehr wohl der Fall ist.

I_{14} Ergibt schon die Prüfung des Wortlauts kein eindeutiges Ergebnis, so ist anhand von Umständen außerhalb des Testaments der Erblasserwille zu ermitteln. Läßt er sich nicht feststellen, so sind die gesetzlichen Auslegungsregeln heranzuziehen (dazu u. I_{17}ff.). Läßt er sich feststellen, so ist von den verschiedenen mit dem Text des Testaments zu vereinbarenden Auslegungsmöglichkeiten diejenige maßgebend, die diesem Willen entspricht. Bei *mehrdeutigem* Text gilt also das Gewollte.

In diesem Zusammenhang ist zu beachten, daß Texte, bei deren Formulierung dem Erblasser ein Inhalts- oder Erklärungsirrtum unterlaufen ist, zugleich Andeutungen der wirklichen Vorstellungen des Erblassers enthalten können und dann als mehrdeutige Erklärungen der Auslegung nach dem Erblasserwillen zugänglich sind.

B E hatte früher zwei Zechkumpane, Willi und Heini. Er wollte denjenigen, der Willi heißt, mit einer Kiste Whisky bedenken, schrieb aber „Heini", weil er die Namen verwechselte. Hier gilt der eindeutige Text; das Vermächtnis unterliegt aber der Anfechtung wegen Irrtums nach § 2078 I.

Schrieb E hingegen: „Heini, weil er so gerne Scotch trinkt", und trifft diese Charakterisierung nur auf Willi zu, so ist der nun nicht mehr eindeutige Text nach der Vorstellung des E auszulegen, so daß es einer Anfechtung nicht bedarf.

Ob ein Text ein- oder mehrdeutig ist, kann also nur unter Berücksichtigung des gesamten Wortlauts und nicht anhand eines einzelnen Wortes entschieden werden.

Falsch ist es, Eindeutigkeit schon deswegen zu bejahen, weil ein Wort in bestimmten Zusammenhängen einen eindeutigen Sinn hat, wie z. B. die Worte „Besitz", „Leihe", „Erbe" usw., wenn sie innerhalb der juristischen Fachsprache gebraucht werden. Stets ist auf das Sprachniveau des Erblassers abzustellen.

F_{14} E, der verheiratet ist und zwei Kinder hat, will seine Frau zur Erbin einsetzen. Er testiert: „Mutter soll Alleinerbin sein." Die Mutter des E lebt noch; er nennt sie aber meistens „Oma", während er zu seiner Frau meistens „Mutter" sagt. Nach E's Tod beansprucht seine Mutter den Nachlaß. Zu Recht?

A_{14} Nein. Nicht E's Mutter, sondern seine Ehefrau ist aufgrund des Testaments Alleinerbin. Das Wort „Mutter" mag innerhalb der Hochsprache eindeutig sein. Umgangssprachlich wird „Mutter" aber auch zur Bezeichnung der Ehefrau verwendet. Der Wortlaut des Testaments ist also mehrdeutig. Es gilt daher das von E Gewollte.

I_{15} Ein Fall der Mehrdeutigkeit liegt auch vor, wenn der Erblasser eine beabsichtigte Verfügung *nicht vollständig* zum Ausdruck gebracht hat.

B E, der drei Häuser besaß, hatte die feste Absicht, seine Töchter im Testament zu bedenken. Er schrieb: „Ich setze meine Frau zur Erbin ein. Damit meine drei Kinder versorgt sind, ordne ich an: Martina soll das Haus an der Alleestraße bekommen, Dorothea das Haus an der Goldstraße. Da nun für alle gesorgt ist, kann ich in Frieden sterben." Daß die Tochter Christiane das Haus am Hansaplatz bekommen sollte, vergaß E niederzuschreiben.

Nach der herrschenden sog. *Andeutungstheorie* gilt hier das vom Erblasser Gewollte, wenn es im Text wenigstens angedeutet ist. Da die bloße Andeutung einer Verfügung verschiedene Ergänzungen möglich erscheinen läßt, ist der Text mehrdeutig und daher nach dem Willen des Erblassers auszulegen. Fehlt hingegen jede Andeutung der beabsichtigten Verfügung, dann ist der Text insoweit eindeutig und einer Auslegung nach dem Willen des Erblassers nicht zugänglich.

B Im obengenannten Beispiel ist die beabsichtigte Verfügung zugunsten von Christiane im Text angedeutet, weil E ausdrücklich von der Versorgung seiner „drei Kinder" gesprochen hat.

Hätte E nur die Erbeinsetzung seiner Ehefrau niedergeschrieben, die Zuwendung an die Töchter aber völlig vergessen (etwa weil er nach ausführlicher Darlegung sittlicher Ermahnungen glaubte, nun alles getan zu haben), so wäre auch durch Auslegung nicht mehr zu helfen.

Die Andeutungstheorie kann nicht nur bei unvollständigen Erklärungen, sondern generell als Richtschnur der Testamentsauslegung dienen. Daß im Falle der Mehrdeutigkeit die vom Erblasser gewollte Bedeutung maßgebend ist, folgt nach dieser Theorie daraus, daß der Erblasserwille durch eine der möglichen Bedeutungen des Textes angedeutet ist. Daß der Erblasserwille auch bei bewußter Falschbezeichnung maßgeblich sein soll, begründet keinen Einwand gegen die Andeutungstheorie, denn auch bei bewußt abweichendem Sprachgebrauch liegt (s. o. I_{13}) nicht Eindeutigkeit, sondern Mehrdeutigkeit vor.

F_{15} Wann ist nach der Andeutungstheorie der Wille des Erblassers zu berücksichtigen, falls der Text des Testaments unbeabsichtigte Lücken aufweist?

A_{15} Nach der Andeutungstheorie ist der Wille des Erblassers nur dann zu berücksichtigen, wenn er im Text des Testaments wenigstens andeutungsweise ausgedrückt ist.

I_{16} Gegen die Andeutungstheorie wird in der Literatur eingewandt, sie bevorzuge den schreibseligen Erblasser vor dem, der klar und knapp testiere, und sie werde in den Fällen des Erklärungs- und Inhaltsirrtums dem Erblasserwillen nicht gerecht, da sie hier nur die Beseitigung der irrtümlichen Verfügung durch Anfechtung, nicht aber die Ersetzung der irrtümlichen durch die vom Erblasser gewollte Verfügung zulasse.

Soweit vorgeschlagen wird, nicht darauf abzustellen, ob der Erblasserwille im Text angedeutet ist, sondern darauf, ob die gewollte Verfügung „aus der Erklärung des Erblassers heraus entwickelt werden kann" (Lange, § 33 III 3c), besteht nur ein verbaler Unterschied zur Andeutungstheorie, denn diese verlangt einen Anhalt der beabsichtigten Verfügung nicht im Buchstaben, sondern im Sinn des Textes.

Viel weitergehend will Brox (Rdnr. 195–197) den Erblasserwillen immer dann zur Geltung kommen lassen, wenn überhaupt ein gültiges Testament vorliegt, unabhängig davon, wie der Text des Testaments lautet.

B Im Beispiel zu I_{14} wäre danach auch dann ein Vermächtnis zugunsten von Willi errichtet, wenn E nur „Heini" geschrieben hätte. Im Beispiel zu I_{15} wären die Töchter auch dann mit einem Vermächtnis bedacht, wenn E den ganzen Passus über die Zuwendung der Häuser vergessen hätte.

Diese Ansicht ist abzulehnen, da sie die Formbedürftigkeit des Testaments nicht genügend respektiert. Die Formbedürftigkeit hat Bedeutung nicht nur für die Feststellung, *daß* ein Testament vorliegt, sondern auch für die Feststellung, *welchen Inhalt* es hat. Das spricht entscheidend gegen die Berücksichtigung eines Erblasserwillens, der im Text nicht einmal andeutungsweise ausgedrückt ist. Es empfiehlt sich daher, an der Andeutungstheorie festzuhalten.

I_{17} Für den Fall, daß sich der wirkliche Wille des Erblassers nicht ermitteln läßt und daher die Auslegung mehrdeutiger Erklärungen zu keinem Ergebnis führt, stellt das Gesetz eine Reihe von *Auslegungsregeln* zur Verfügung. Sie geben an, was als Erblasserwille zu *vermuten* ist. Grundlagen dieser Vermutungen sind die Lebenserfahrung und die Absicht des Gesetzgebers, vernünftige Ergebnisse zu erzielen.

Die gesetzlichen Auslegungsregeln, die sich verstreut über das ganze Erbrecht jeweils bei den Regelungen der einzelnen Rechtsinstitute, vor allem aber in den §§ 2066ff. finden, enthalten in den meisten Fällen *widerlegliche* Vermutungen (meist erkennbar an den Worten „im Zweifel"), nur selten *unwiderlegliche* oder *Fiktionen* (ein Beispiel für letztere: § 2073).

F_{17} E, der zur Zeit der Testamentserrichtung bereits die Scheidungsklage eingereicht hatte und kurz danach geschieden wurde, hat seiner Frau einige Erinnerungsstücke vermacht. Die Erben des E weigern sich, das Vermächtnis zu erfüllen.

Prüfen Sie, ob das Vermächtnis Bestand hat, anhand der Auslegungsregel § 2077 (lesen Sie die Vorschrift bis zu Ende durch!).

A_{17} Das Vermächtnis ist wirksam. Zwar ist nach § 2077 I 1 eine letztwillige Verfügung zugunsten des Ehegatten unwirksam, wenn die Ehe geschieden ist. Das ist jedoch, wie Abs. III zeigt, nur eine Auslegungsregel, und zwar eine widerlegliche Vermutung. Hier wollte E, da er in Kenntnis der Scheidungsklage testiert hat, das Vermächtnis auch für den Fall der Scheidung.

I_{18} Eine der wichtigsten Auslegungsregeln enthält § 2084: Wenn ein Testament mehrere Interpretationen zuläßt, so ist diejenige zu wählen, die nicht zu einem rechtlich unzulässigen oder praktisch unbrauchbaren Ergebnis führt. Dem Willen des Erblassers soll also nach Möglichkeit zum Erfolg verholfen werden (sog. *wohlwollende Auslegung*); „Erfolg"ist hier sowohl rechtlich als auch wirtschaftlich zu verstehen.

Der Bewahrung des Erblasserwillens vor einem *rechtlichen* Mißerfolg kommt besondere Bedeutung zu wegen des erbrechtlichen Typenzwanges (s. o. I_2f.).

B E hinterläßt u. a. einen Privatzoo. In seinem Testament bestimmt er: „Meine Kinder sollen meine Erben sein; sie sollen alles bekommen bis auf den Zoo. Die Tiere sollen ihre Freiheit wiederbekommen."

Das Testament läßt sich einmal dahin auslegen, daß der Zoo von vornherein nicht in den Nachlaß fallen soll. Ein solcher Wille des E läßt sich aber wegen des Grundsatzes der Universalsukzession nicht durchführen.

Das Testament läßt sich aber auch so verstehen, daß auch der Zoo in den Nachlaß fallen, die Kinder aber verpflichtet sein sollen, den Tieren die Freiheit zu geben. Diese Anordnung ist als Auflage zu Lasten der Erben zulässig, § 2192ff. Gemäß § 2084 ist daher diese zweite Deutung als Wille des E zu vermuten.

I19 Vor einem *wirtschaftlichen* Mißerfolg bewahrt den Erblasserwillen die Auslegung nach § 2084, wenn sie einer leichter oder billiger durchführbaren Interpretation, also dem praktikableren Ergebnis, den Vorzug gibt.

B (nach KG JW 38, 2273 Nr. 6)
Der Hundenarr H hatte in seinem Testament bestimmt, daß sein gesamter Nachlaß den Tierschutzvereinen der deutschen Städte mit über 20.000 Einwohnern zufallen solle.

Das KG entschied, daß die zentrale Spitzenorganisation der deutschen Tierschutzvereine Erbe sei mit der Auflage, den Nachlaß gemäß der Testamentsbestimmung unter den einzelnen Tierschutzvereinen zu verteilen. Grundlage der Entscheidung ist § 2084: Das Testament ließ sich dahin deuten, daß die einzelnen Tierschutzvereine, sofern sie rechtsfähig sind, bei nichtrechtsfähigen Vereinen aber die einzelnen Mitglieder Erben sein sollten. In diesem Fall wäre wegen der Vielzahl der – z. T. erst noch zu ermittelnden – Erben die Verwaltung und Auseinandersetzung des Nachlasses sehr umständlich, zeitraubend und kostspielig. Das Testament ließ sich aber auch so verstehen, daß nur eine einzelne Person Erbe sein sollte, welche die Nachlaßgeschäfte gewissermaßen treuhänderisch für die einzelnen Vereine abzuwickeln und den nach Begleichung der Nachlaßverbindlichkeiten bleibenden Rest auf die einzelnen Vereine zu verteilen verpflichtet sein sollte. Für diese Aufgabe bot sich die Spitzenorganisation der Tierschutzvereine geradezu an. Gemäß § 2084 ist diese Auslegung, die den Willen des E auf einfachere Weise verwirklichen läßt, vorzuziehen.

Die Anwendung des § 2084 setzt voraus, daß eine letztwillige Verfügung *mehrere* Auslegungen zuläßt. Hat der Erblasser *eindeutig* etwas *rechtlich Unzulässiges* erklärt, so ist die Verfügung unwirksam, es sei denn, daß nach § 140 eine *Umdeutung* möglich ist; hat er *eindeutig* etwas *Unpraktikables* erklärt, so muß es bei dieser Verfügung bleiben.

I_{20} Ist in einem Testament *eine von mehreren Verfügungen unwirksam*, so gilt nicht § 139, wonach im Zweifel der gesamte Inhalt des Testamentes unwirksam wäre, sondern gemäß § 2085 die gegenteilige Vermutung: Die fehlerfreien Verfügungen bleiben aufrechterhalten, es sei denn, daß anzunehmen ist, der Erblasser hätte sie ohne die unwirksame Verfügung nicht getroffen.

F_{20} Tristan, ein begeisterter Wagnerianer, hat in seinem Testament angeordnet, daß seine Frau Isolde und die Bayreuther Festspiele jeweils die Hälfte seines Vermögens erben sollen. Später wird er geschieden. Die gesetzlichen Erben Tristans meinen, die Erbeinsetzung der Bayreuther Festspiele sei schon an sich unmöglich, weil diese keine juristische Person, sondern eine Veranstaltung sind, außerdem aber sei sie auch deswegen hinfällig, weil Tristan bei Kenntnis seiner späteren Scheidung vielleicht ganz anders testiert hätte. Wolfgang Wagner bittet um Auskunft, ob für die Festspiele mit Geld aus Tristans Nachlaß zu rechnen sei.

A_{20} Die Bayreuther Festspiele als solche können, da sie keine juristische Person sind, nicht Erbe werden; verstünde man das Testament wörtlich, wäre es insoweit nichtig. Es ließe sich auch so deuten, daß die für die Festspiele verantwortlichen natürlichen Personen Erben des T werden sollten mit der Auflage, den Erbteil für die Festspiele zu verwenden. Ein solcher Wille wäre zwar durchführbar, aber nicht sehr praktisch. Die Leiter der Festspiele würden persönlich mit der Abwicklung eines ihnen völlig fremden Nachlasses belastet. Am praktischsten wäre es, die juristische Person als Erben anzusehen, in deren Händen die Organisation der Festspiele liegt. Gemäß § 2084 ist daher diese Deutung als Wille des T zu vermuten.

Gemäß § 2085 wird diese Verfügung durch die sich aus § 2077 I 1 ergebende Nichtigkeit der Erbeinsetzung Isoldes nicht berührt, da nichts für die Annahme spricht, daß Tristan die Verfügung zugunsten der Festspiele nicht ohne die Verfügung zugunsten Isoldes getroffen haben würde.

I_{21} Stellt sich ein Sachverhalt heraus, den der Erblasser bei der Testamentserrichtung nicht gekannt oder nicht vorausgesehen hat, so ist zu prüfen, ob das Testament eine den unerwarteten Umständen entsprechende Regelung enthält. Dies geschieht nicht durch erläuternde, sondern durch *ergänzende Auslegung.*

Die gesetzlichen Auslegungsregeln sind zum großen Teil Regeln der ergänzenden Auslegung (Beispiel: § 2069). Ergänzende Auslegung ist aber über den Bereich gesetzlicher Auslegungsregeln hinaus möglich.

Die ergänzende Testamentsauslegung sucht zu ermitteln, welchen Willen der Erblasser gehabt hätte, wenn er die für seine Nachlaßregelung relevanten Umstände gekannt hätte.

F_{21} Ergänzen Sie:

Die erläuternde Auslegung fragt nach dem . . . Willen, die ergänzende nach dem . . . Willen.

A_{21} wirklichen,
hypothetischen

I_{22} Welche Regelung den veränderten Umständen entspricht, ist auch bei der ergänzenden Auslegung vom Standpunkt des Erblassers aus zu beurteilen, nicht von einem objektiven Standpunkt aus. Die Prüfung geht in zwei Stufen vor sich: Zuerst ist zu fragen, welches Ziel der Erblasser mit seiner Verfügung anstrebte. Diese Frage ist durch erläuternde Auslegung zu beantworten, die gemäß der Andeutungstheorie auch hier eine nur aus Umständen außerhalb der Testamentsurkunde erkennbare Willensrichtung des Erblassers unberücksichtigt lassen muß. Ist die Frage dahin zu beantworten, daß der Erblasser ein Ziel anstrebte, das wegen der Veränderung der Umstände mit den von ihm gewählten Mitteln nicht mehr erreichbar ist, so ist in einem zweiten Schritt die ungeeignete Regelung durch diejenige geeignete Regelung zu ersetzen, die der Erblasser bei richtiger Voraussicht getroffen hätte.

Die *ergänzende* Testamentsauslegung ist also *erläuternde Auslegung* in bezug auf das *Ziel* und *ersetzende Gestaltung* in bezug auf die *Mittel*.

B Der Erblasser E bestimmt 1937: „Meine Kinder A, B und C sind mir alle gleich lieb. Damit nach meinem Tode über die Verteilung meines Vermögens kein Streit unter ihnen entsteht, bestimme ich schon jetzt, daß A meinen Grundbesitz, B meine Bankguthaben und C die Aktien bekommen soll, was wertmäßig ungefähr einer gleichmäßigen Verteilung entspricht." E stirbt 1948. Die Häuser sind zerstört, das Geld ist weitgehend entwertet, so daß jetzt im wesentlichen die Aktien den Wert des Nachlasses ausmachen. – E wollte seine Kinder gleichmäßig bedenken. Infolge der Kriegseinwirkungen bekäme aber nun C den größten Anteil, wenn es bei der ursprünglichen Regelung bliebe. Aufgrund ergänzender Testamentsauslegung erhalten daher A und B so viel von den Aktien, daß ihr Erbteil dem des C entspricht.

Maßgeblicher Zeitpunkt für die Beurteilung dessen, was der Erblasser wollte bzw. was er bei richtiger Voraussicht gewollt hätte, ist der Zeitpunkt der Errichtung des Testaments.

F_{22} (vgl. RGZ 134, 277)
Der mit der F verheiratete kinderlose E hatte testiert: „Ich setze meine Frau zur Alleinerbin ein." Nach dem Tode der F heiratete E die D. Nach dem Tode des E streitet die D mit den Verwandten des E um den Nachlaß. Sie behauptet, testamentarische Erbin zu sein. Mit Recht?

A_{22} Nein! Was E mit „meine Frau“ gemeint hat, ist vom Zeitpunkt der Testamentserrichtung her zu beurteilen. Er hat also seine damalige Frau F gemeint. Eine etwaige spätere Willensänderung kommt für die Ermittlung des wirklichen Willens nicht in Betracht, da der geänderte Wille nicht in Testamentsform ausgedrückt ist. Die D könnte also allenfalls im Wege ergänzender Auslegung als Testamentserbin angesehen werden, sofern E mit der Einsetzung seiner Frau F das Ziel hätte erreichen wollen, seine Verwandten auf jeden Fall von der Erbfolge auszuschließen. Es gibt aber keinen Erfahrungssatz, der aus der Einsetzung der Ehefrau als Alleinerbin auf den Willen schließen läßt, die Verwandten auch zugunsten einer zweiten Ehefrau zurückzusetzen, m. a. W. die „jeweilige Ehefrau“ zur Alleinerbin zu berufen. Auch der Sachverhalt gibt für einen derartigen Willen des E keinen Anhaltspunkt. Es tritt also gesetzliche Erbfolge ein..

Allerdings ist der Sinn des in der Einsetzung der F zur Alleinerbin enthaltenen Ausschlusses der Verwandten von der Erbfolge nicht eindeutig: E kann den Ausschluß als unvermeidliche Folge der Einsetzung der F, er kann ihn aber auch um seiner selbst willen gewollt haben. Läge der Sachverhalt so, daß E seine Verwandten auf keinen Fall in den Genuß seines Vermögens kommen lassen wollte, dann kann dieses Ziel, da es wegen der genannten Mehrdeutigkeit im Testament angedeutet ist, berücksichtigt werden. Es genügt dazu schon, daß man den Ausschluß der Verwandten isoliert aufrecht erhält, so daß die D alleinige gesetzliche Erbin wird..

I_{23} Die *Anfechtung* von Testamenten ist in §§ 2078ff. abweichend von §§ 119ff. geregelt. Die Abweichungen betreffen die Anfechtungsgründe, die Person des Anfechtungsberechtigten und Form, Frist und Folgen der Anfechtungserklärung. § 142, wonach die Anfechtung das Rechtsgeschäft rückwirkend nichtig macht, gilt aber auch für Testamente.

Anfechtungsberechtigt ist bei Erklärungen unter Lebenden der Erklärende. Da der Erblasser sein Testament jederzeit frei widerrufen kann (s. u. Kap. VI, I_9), ist für ihn ein Anfechtungsrecht nicht erforderlich. Anfechtungsberechtigt ist bei Testamenten derjenige, dem die Aufhebung der Verfügung unmittelbar zustatten kommt, § 2080 I. „Unmittelbar“ bedeutet hier „rechtlich“; es reicht also nicht aus, daß durch die Aufhebung der Verfügung die Aussichten des Betroffenen günstiger werden, vielmehr muß sich seine Rechtsstellung gegenüber dem Nachlaß verbessern.

F_{23} Der Erblasser E hat seinen Freund F zum Erben eingesetzt und seine Söhne A und B übergangen. E stirbt. Kurze Zeit darauf stirbt auch A. Dessen Sohn und einziger Erbe C stellt fest, daß die Erbeinsetzung des F anfechtbar ist.

a) Ist C anfechtungsberechtigt?
b) War C schon anfechtungsberechtigt, als sein Vater A noch lebte?

A23 a) C kann die Erbeinsetzung des F anfechten, denn ihm würde die Aufhebung dieser Einsetzung unmittelbar zustatten kommen. Anstelle des F würden nämlich A und B als gesetzliche Erben des E treten, § 1924. C würde dann als Erbe des A über dessen Erbenstellung am Nachlaß des E beteiligt.

b) C konnte nicht anfechten. Zwar wäre es für C wirtschaftlich günstiger, wenn statt des F sein Vater A am Nachlaß des E beteiligt würde, weil C Aussicht hat, den A zu beerben. Aber solange A lebt, bekommt bei Aufhebung der Einsetzung des F nur A, nicht C ein Recht am Nachlaß.

I24 Die *Anfechtungsfrist* beträgt ein Jahr, von dem Zeitpunkt an gerechnet, an dem der Berechtigte Kenntnis vom Anfechtungsgrund erlangt; sind seit dem Erbfall 30 Jahre verstrichen, ist die Anfechtung ausgeschlossen, § 2082.

Die *Anfechtungserklärung* ist gegenüber dem Nachlaßgericht (Abteilung des Amtsgerichts) zu erklären, wenn die Anordnung oder Aufhebung einer Erbeinsetzung, Enterbung oder Ernennung eines Testamentsvollstreckers angefochten werden soll, § 2081 I; in anderen Fällen (z. B. bei der Anfechtung eines Vermächtnisses) ist sie gegenüber dem durch die angefochtene Verfügung Begünstigten zu erklären, § 143 IV 1.

Die Anfechtungserklärung löst niemals die Pflicht zum Ersatz des Vertrauensschadens (§ 122) aus, § 2078 III.

Die *Anfechtungsgründe* sind in §§ 2078, 2079 abschließend aufgezählt.

F24 Nennen Sie stichwortartig die Anfechtungsgründe bei Testamenten (vier sind in § 2078, der fünfte in § 2079 enthalten)!

A_{24} 1. Inhaltsirrtum (§ 2078 I, 1. Alternative);
2. Erklärungsirrtum (§ 2078 I, 2. Alternative);
3. Motivirrtum (§ 2078 II, 1. Alternative);
4. Drohung (§ 2078 II, 2. Alternative);
5. Unkenntnis eines Pflichtteilsberechtigten (§ 2079).

I_{25} Die *Anfechtungsgründe* Inhaltsirrtum und Erklärungsirrtum entsprechen § 119 I mit dem einzigen Unterschied, daß bei der Testamentsanfechtung nur darauf abgestellt wird, daß der Erblasser „bei Kenntnis der Sachlage" anders testiert hätte, nicht aber (wie in § 119 I) zusätzlich auf „verständige Würdigung des Falles".

Der Anfechtungsgrund der Drohung entspricht § 123 I, 2. Alternative. Während nach § 119 II der Motivirrtum nur dann zur Anfechtung berechtigt, wenn er ein Irrtum über wesentliche Eigenschaften ist, kann nach § 2078 II wegen *jeden* Motivirrtums angefochten werden.
Daß § 2078 die Anfechtung in weiterem Umfang zuläßt als § 119, beruht darauf, daß ein Schutz des Vertrauens auf den Bestand von Testamenten nicht gewährt wird (vgl. oben I_8).

F_{25} Warum ist in § 2078 der Fall der arglistigen Täuschung (§ 123 I) nicht ausdrücklich als Anfechtungsgrund aufgeführt?

A_{25} Die Täuschung ruft beim Erklärenden einen Inhaltsirrtum oder einen Motivirrtum hervor. Da diese Irrtümer nach § 2078 *immer* Anfechtungsgründe sind, bedurfte es eines zusätzlichen Anfechtungsgrundes wegen arglistiger Täuschung nicht.

I_{26} Wie bei der Anfechtung von Rechtsgeschäften unter Lebenden muß auch beim Testament *Kausalität* zwischen Anfechtungsgrund und angefochtener Erklärung bestehen. Irrtum oder Drohung berechtigen also nur zur Anfechtung, *wenn* sie für die Abgabe der Erklärung zumindest mitursächlich geworden sind, § 2078 I a. E. Die Kausalität ist aber auch für den *Umfang* der Anfechtung bedeutsam (beachten Sie bitte die Worte „soweit" in § 2078 I und II).

B Hat der Erblasser 2.000,– DM vermachen wollen, aber versehentlich eine „0" zuviel geschrieben, so macht die Anfechtung wegen Erklärungsirrtums das Vermächtnis nicht völlig, sondern nur in Höhe des nicht gewollten Betrages nichtig.

Hat der Erblasser irrtümlich einen gesetzlichen Erben nicht bedacht, so macht die Anfechtung der testamentarischen Erbeinsetzung diese nicht in ganzem Umfang nichtig, sondern nur so weit, daß der Übergangene seinen gesetzlichen Erbteil erhält; dabei ist jedoch zu beachten, daß der Erblasser i. d. R. ihn bei Kenntnis der Sachlage nicht besser gestellt hätte als diejenigen gesetzlichen Erben, die er testamentarisch bedacht hat.

B Der unverheiratete und kinderlose E, dessen Eltern bereits verstorben sind, hat seine einzige Schwester S zur Hälfte zur Erbin eingesetzt. Die andere Hälfte hat er, da er seinen nach Australien ausgewanderten einzigen Bruder B für tot hielt, seinem Freund F zugewandt. B ficht das Testament an. Anfechtbar ist hier nur die Einsetzung des F. – Wollte E den F aber auf jeden Fall in diesem Umfang zum Erben einsetzen, so ist die Einsetzung der S anfechtbar, jedoch nur zur Hälfte.

Der durch die Anfechtung frei gewordene Erbteil fällt im Wege der gesetzlichen Erbfolge dem Übergangenen zu. (Daß an diesem Erbteil die testamentarisch bedachten gesetzlichen Erben nicht gemäß § 2088 I partizipieren, folgt daraus, daß in deren Einsetzung auf einen Teil des Nachlasses zugleich ihr Ausschluß von der gesetzlichen Erbfolge in den Rest gesehen werden darf.)

I_{27} Die Kausalität zwischen Anfechtungsgrund und Erklärung ist nach dem Zeitpunkt der Erklärung zu beurteilen. Wollte der Erblasser *nach* Entdeckung des Irrtums oder Wegfall der Drohung die einmal getroffene Verfügung aufrecht erhalten, so fragt sich, ob er neu testieren muß oder formlos (§ 144 II) *bestätigen* kann. Die h. M. nimmt an, § 144 sei auf den Erblasser unanwendbar, weil er nicht anfechtungsberechtigt ist. Das ist ein begriffsjuristisches Argument. Nicht anfechtungsberechtigt ist der Erblasser deshalb, weil seine Stellung gegenüber seiner letztwilligen Verfügung freier ist als bei einem Geschäft unter Lebenden. Dies würde man in sein Gegenteil verkehren, wenn man ihm das Bestätigungsrecht versagt. Formlose Bestätigung des anfechtbaren Testaments durch den Erblasser schließt also das Anfechtungsrecht des Erben aus (Lange § 35 V).

F_{27} (in Anlehnung an RG WarnRspr. 1912 Nr. 88)
Die reiche Erblasserin E hatte in hohem Alter die Übersicht über ihre Vermögensverhältnisse verloren. In ihrem Testament bestimmte sie, ihre Tochter T solle ein Aktienpaket bekommen; das restliche Vermögen – nach den Vorstellungen der E im Wert geringer als die Aktien – sollten die Schwestern der E erhalten. Nach dem Erbfall erfahren die Beteiligten, daß das Aktienpaket infolge Konkurses der AG schon Monate vor der Testamentserrichtung wertlos geworden war.

a) In welchem Umfang ist das Testament anfechtbar?
b) Kann das Testament auch dann angefochten werden, wenn schon die E nach Testamentserrichtung von dem Wertverfall der Aktien erfahren hatte, das Testament aber nun für gut hielt, weil sie sich inzwischen mit der T zerstritten hatte?

A_{27} a) Die Zuwendung an die T ist nicht anfechtbar. Daß der Wert des Zugewandten niedriger war, als die E zur Zeit der Testamentserrichtung glaubte, ändert nichts daran, daß sie mindestens diesen Wert der T zuwenden wollte. Vom Motivirrtum (§ 2078 II) beeinflußt und damit anfechtbar ist vielmehr die Zuwendung an die Schwestern: Während die E glaubte, ihnen nur den geringeren Teil ihres Vermögens zuzuwenden, gab sie ihnen in Wirklichkeit nahezu ihr gesamtes Vermögen.

b) Der Anfechtung dieser Verfügung seitens der T (§ 2080 I) steht nach h. M. die bewußte Aufrechterhaltung des Testaments durch die E nach Entdeckung des Irrtums nicht entgegen, da § 144 auf den Erblasser nicht anwendbar sei. Nach Lange kann auch der Erblasser durch Bestätigung gemäß § 144 die Anfechtbarkeit ausschließen. Diese Bestätigung ist formfreie, nicht empfangsbedürftige Willenserklärung. Sie ergibt sich konkludent aus dem bewußten Aufrechterhalten des Testaments. Dieses ist also nicht anfechtbar.

I_{28} Ein besonderer Fall des Motivirrtums ist in § 2079 erfaßt: Der Erblasser hat eine Person, die z. Z. des Erbfalls *pflichtteilsberechtigt* (s. Kap. I, I_7) ist, *unbeabsichtigt übergangen,* d. h. überhaupt nicht bedacht. Die unbeabsichtigte Übergehung kann darauf beruhen, daß z. Z. der Testamentserrichtung die betreffende Person noch nicht existierte oder dem Erblasser nicht bekannt war oder noch nicht pflichtteilsberechtigt war, § 2079 S. 1.

Während in den Fällen des § 2078 die Kausalität zwischen Irrtum und Erklärung nachgewiesen werden muß, wird sie bei § 2079 vermutet, § 2079 S.2. Das Gesetz geht davon aus, daß der Erblasser einen ihm bekannten Pflichtteilsberechtigten auch bedenken würde.
Im Falle des § 2079 steht das Anfechtungsrecht abweichend von § 2080 I nur dem übergangenen Pflichtteilsberechtigten zu, § 2080 III.
Greift bei der Übergehung eines Pflichtteilsberechtigten § 2079 nicht ein, so bleibt § 2078 II zu prüfen.

F_{28} Der E bestimmte in seinem Testament: „Ich enterbe meine Tochter T und deren Kind A. Alleinerbe soll mein Bruder B sein.“ Er tat das, weil die T und die A seit Jahren mit ihm in Unfrieden lebten und sich nicht um ihn kümmerten. Nach dem Tode der T änderte die A aber ihr Verhalten und pflegte den E bis an sein Ende.
Kann die A das Testament anfechten? (Sie ist nach dem Tode der T pflichtteilsberechtigt, §§ 2303 I 1, 2309, 1924 III.)

A_{28} Ja, Anfechtungsgrund ist aber nicht § 2079, sondern § 2078 II, nämlich der Irrtum des E über das zukünftige Verhalten der A. Zwar trifft § 2079 insoweit zu, als die A erst nach Errichtung des Testaments pflichtteilsberechtigt wurde und von E übergangen, d. h. nicht bedacht worden ist. Dies geschah aber nicht, weil E ihre Pflichtteilsberechtigung nicht voraussah, sondern weil er ihr Verhalten mißbilligte. Die Kausalitätsvermutung des § 2079 S. 2 ist also widerlegt.
Bei Unanwendbarkeit des § 2079 bleibt § 2078 II zu prüfen. Das Motiv des E erwies sich als irrig. Die A kann also anfechten.

I_{29} In dem in § 2079 geregelten Fall des Motivirrtums wird schon das *Nichtwissen* bestimmter Umstände als beachtlicher Irrtum des Erblassers behandelt: Es ist nicht erforderlich, daß der Erblasser sich falsche Gedanken gemacht hat; es genügt, wenn er sich überhaupt keine Gedanken über den Pflichtteilsberechtigten gemacht hat. Hingegen ist bei der Anfechtung nach § 2078 II streitig, ob auch bloßes Nichtwissen von Umständen als Irrtum zu werten ist.

B Der Erblasser E setzte seiner Partei ein Vermächtnis aus. Später wechselte er die politische Farbe.
Setzt man die Unkenntnis von Umständen dem Irrtum gleich, liegt hier ein Motivirrtum vor (so Kipp-Coing, § 24 II).

Die Rechtsprechung hält zwar daran fest, daß Motivirrtum im Sinne des § 2078 II ein Auseinanderfallen von bestimmten Vorstellungen des Erblassers und der Wirklichkeit voraussetzt. Aber sie rechnet zu den Vorstellungen auch sog. unbewußte Vorstellungen, d. h. solche, „die er zwar nicht aktuell in sein Bewußtsein aufgenommen hat, aber als selbstverständlich zugrunde gelegt hat" (BGH LM § 2078 Nr. 4).

F_{29} Wie würde die Rechtsprechung den Fall des Vermächtnisses für die frühere Partei des E lösen?

A29 Die Rechtsprechung nähme hier einen Motivirrtum nach § 2078 II an. E ging bei der Zuwendung an die Partei selbstverständlich davon aus, daß sich seine politische Einstellung nicht ändern würde. Diese unbewußte Vorstellung hat sich dann als irrig erwiesen.

Kapitel IV

VERFÜGUNGEN BEZÜGLICH DER ERBFOLGE

I_1 Der Erblasser kann im Testament nicht nur positiv bestimmen, wer Erbe wird. Er kann auch lediglich bestimmen, wer *nicht* Erbe wird (sog. Negativ-Testament), § 1938.

B E errichtet folgendes Testament: „ Wer mich beerbt, ist mir gleichgültig; mein Sohn S soll allerdings nichts haben." Oder: „Ich setze meinen Sohn S auf den Pflichtteil." (vgl. § 2304)

Hat der Erblasser nur eine *Enterbung*, aber keine Erbeinsetzung ausgesprochen, so greift die gesetzliche Erbfolge ein, bei welcher der Enterbte nicht berücksichtigt wird. Er wird praktisch so behandelt, als wäre er vor dem Erbfall gestorben.

F_1 (zugleich zur Wiederholung des Ehegattenerbrechts)
Der Erblasser E hinterläßt seine Frau F, mit der er im gesetzlichen Güterstand lebte, einen Sohn S und eine Tochter T. Sein Testament enthält lediglich die Enterbung des S.
Wer wird in welcher Höhe Erbe des E?
Wie wäre die Erbfolge, wenn der Erblasser in Gütertrennung gelebt hätte?

A_1 Da der E nur eine Enterbung, aber keine Erbeinsetzung vorgenommen hat, gilt gesetzliche Erbfolge. Erben 1. Ordnung (§ 1924 I) sind die Tochter und der Sohn. Dieser ist jedoch enterbt und wird daher nicht berücksichtigt. Neben der Tochter erbt die Ehefrau gemäß § 1931 I ein Viertel und gemäß § 1371 I ein weiteres Viertel. Die restliche Hälfte fällt an die Tochter.

In der Abwandlung des Falles ändert sich im Ergebnis nichts: Die Frau und die Tochter erben gemäß § 1931 IV jeweils die Hälfte.

I_2 Hat der Enterbte Abkömmlinge, so ist das Eintrittsrecht zu berücksichtigen: An die Stelle des Enterbten treten seine Kinder (analog § 1924 III). Zu beachten ist aber, daß die Auslegung ergeben kann, daß die Enterbung sich auf den ganzen Stamm erstrecken soll.

F_2 Im Testament des E (s. o. F_1) findet sich noch der Zusatz: „Denn mein Sohn und seine ganze Brut haben sich nie um mich gekümmert."
Sind die Söhne des S Erben geworden?

A_2 Die Söhne des S sind als Enkel des E Erben 1. Ordnung, § 1924 I. Wäre S gesetzlicher Erbe, so wären seine Söhne allerdings von der Erbfolge ausgeschlossen, § 1924 II. S ist jedoch enterbt und wird daher bei der Bestimmung der gesetzlichen Erbfolge so behandelt, als wäre er tot. Dann treten für ihn seine Söhne ein (analog § 1924 III), es sei denn, daß auch sie enterbt sind. Ausdrücklich enterbt ist nur der S. Die Auslegung des Zusatzes ergibt jedoch, daß E den ganzen Stamm des S enterben wollte. Die Söhne des S sind also nicht Erben des E geworden.

I_3 *Erbeinsetzung* ist Berufung zur Universalsukzession. Erbe ist also der, auf den nach dem Willen des Erblassers mit dem Erbfall dasVermögen als Ganzes übergehen soll. Miterbe ist der, auf den ein Bruchteil des Vermögens übergehen soll. Auf den Gebrauch des Wortes „Erbe" kommt es, wie § 2087 I klarstellt, bei der Erbeinsetzung nicht an.

Die Zuwendung einzelner Gegenstände ist keine Erbeinsetzung, sogar dann nicht, wenn der Erblasser den Bedachten als ,,Erben" bezeichnet, § 2087 II.

Ob eine Erbeinsetzung oder nur die Zuwendung einzelner Gegenstände vorliegt, ist nicht allein aufgrund des Wortlauts des Testaments zu entscheiden, sondern hängt davon ab, ob der Erblasser dem Bedachten die Erbenstellung zukommen lassen wollte. Eine Erbeinsetzung ist in der Regel auch dann anzunehmen, wenn nach dem Wortlaut des Testaments nur ein oder mehrere Einzelgegenstände (insbes. eine Sach- oder Rechtsgesamtheit) zugewandt werden, die Zuwendung aber praktisch das gesamte Vermögen oder doch einen beträchtlichen Teil desselben ausmacht.

F_3 Fabrikant F bestimmt in seinem Testament: „Die Möbelfabrik soll mein Sohn A erhalten; mein Klavier vererbe ich meiner Enkelin K." Das übrige Vermögen des F ist im Vergleich zur Möbelfabrik von unbedeutendem Wert. A ist der Ansicht, er sei Alleinerbe des F; K betrachtet sich als Miterbin.
Wer hat Recht?

A_3 A hat recht.
Die Zuwendung an A betrifft zwar ihrem Wortlaut nach nur einen Komplex von einzelnen Gegenständen. Die Auslegungsregel des § 2087 II, derzufolge bei Zuwendung einzelner Gegenstände keine Erbeinsetzung anzunehmen ist, gilt aber nur „im Zweifel", d. h. wenn sich auf andere Weise nicht ermitteln läßt, was F wollte.
Da die Fabrik praktisch das ganze Vermögen des F ausmachte, darf angenommen werden, daß er den A zu seinem Vermögensnachfolger, also zum Erben, berufen wollte.

Die Zuwendung des relativ geringwertigen Einzelgegenstandes an K ist hingegen trotz Gebrauchs der Worte „ich vererbe" keine Erbeinsetzung, § 2087 II, sondern ein Vermächtnis.

I_4 Wie Sie bereits wissen, tritt bei Unwirksamkeit der Erbeinsetzung gesetzliche Erbfolge ein. Dies gilt nicht nur, wenn die Erbeinsetzung infolge von Form- oder Willensmängeln nichtig ist, sondern auch, wenn die Erbeinsetzung dadurch gegenstandslos wird, daß der Eingesetzte vor dem Erbfall stirbt oder nach dem Erbfall die Erbschaft ausschlägt (§§ 1942 ff., Einzelheiten in Kap. IX, I_1 f.). Der Erblasser kann aber den Eintritt der gesetzlichen Erbfolge verhindern, indem er für den Fall der Unwirksamkeit der Erbeinsetzung einen *Ersatzerben* beruft, § 2096. Der Ersatzerbe wird *statt* des zuerst Eingesetzten Erbe. Er wird nicht Erbe, wenn der zuerst Eingesetzte Erbe, und sei es auch nur für kurze Zeit, geworden ist.

F_4 Die reiche Tante M hat in ihrem Testament bestimmt: „Erbe soll mein Neffe N sein. Wenn nicht N, dann wenigstens meine Nichte C." N stirbt vor M. Wer ist Erbe?
Wie wäre es, wenn N unmittelbar nach M gestorben wäre?

A_4 Im Ausgangsfall ist C Erbin der M geworden. N hat nicht Erbe werden können, weil er vorverstorben ist, § 1923 I. An seine Stelle ist C als Ersatzerbin getreten, § 2096. Anders ist es in der Abwandlung. Hier lebte N zur Zeit des Erbfalls und ist daher Erbe geworden. Die Einsetzung der C als Ersatzerbin ist somit gegenstandslos geworden.

I_5 Einen Fall *gesetzlich vermuteter* Ersatzerbschaft enthält § 2069: Hat der Erblasser einen seiner Abkömmlinge bedacht und fällt dieser nach Errichtung des Testamentes weg, so sind im Zweifel dessen Abkömmlinge als Ersatzerben berufen.

Auch bei Einsetzung mehrerer Erben ist Berufung von Ersatzerben möglich. Fällt einer von mehreren Erben weg, und hat der Erblasser für ihn *keinen* Ersatzerben bestimmt, so tritt hinsichtlich des freiwerdenden Erbteils nicht gesetzliche Erbfolge, sondern *Anwachsung* (§ 2094) ein: Der Anteil des weggefallenen Erben wächst den übrigen Erben nach dem Verhältnis ihrer Erbteile zu.
§ 2069 geht § 2094 vor, vgl. § 2099.

F_5 Der Erblasser E testiert: „Mein Vermögen teile ich auf meine Kinder A und B auf." B stirbt vor E. Er hinterläßt einen Sohn S.
Wer ist Erbe des E?

A_5 Die eine Hälfte der Erbschaft fällt nach dem Testament dem A zu. Die andere Hälfte kann der B nicht erben, da er vorverstorben ist, § 1923 I. Sie müßte nach dem Wortlaut des § 2094 dem A zuwachsen, nach dem Wortlaut des § 2069 jedoch dem S zufallen. Da es sich bei § 2069 aber um eine (gesetzlich vermutete) Ersatzerbschaft handelt, geht gemäß § 2099 das Erbrecht des S dem Anwachsungsrecht des A vor. A und S sind also je zur Hälfte Erben des E.

I_6 § 2069 enthält eine Auslegungsregel für den Fall, daß ein als Erbe berufener *Abkömmling* des Erblassers wegfällt. Für den Wegfall anderer naher Angehöriger des Erblassers kommt eine analoge Anwendung des § 2069 in Betracht, weil die nahe Beziehung des Erblassers zum Eingesetzten sich in der Regel auch auf dessen Abkömmlinge erstreckt.

F_6 Der reiche, kinderlose Erblasser E hat seine Schwestern A und B zu gleichen Teilen zu Erben eingesetzt. Beide leben in bescheidenen Verhältnissen. Die B stirbt nach Errichtung des Testaments. Sie hinterläßt vier Kinder. Wer ist in welcher Höhe Erbe des E geworden?

A_6 E wird zur Hälfte von der A und zu je 1/8 von den Kindern der B beerbt. Die Erbenstellung der A ergibt sich ohne weiteres aus dem Testament. Die ursprünglich als Miterbin der A berufene B wird wegen Vorversterbens nicht Erbin. Nach § 2069 analog treten ihre Kinder als Ersatzerben an ihre Stelle. § 2069 ist zwar nicht unmittelbar anwendbar, weil die B kein Abkömmling des E war. Die Motive, die den E zur Einsetzung seiner Schwester B bewogen haben, dürfen nach der Lebenserfahrung aber auch im Hinblick auf die Kinder der B angenommen werden. Dies rechtfertigt die analoge Anwendung des § 2069.

I_7 Durch die Erbeinsetzung erreicht der Erblasser, daß im Zeitpunkt des Erbfalls sein Vermögen auf den oder die Erben übergeht. Dieser Übergang ist endgültig, und mit ihm hat die Erbeinsetzung ihr rechtliches Ziel erreicht.

Der Erblasser könnte aber die Absicht haben, das Schicksal seines Vermögens über den Erbfall hinaus zu bestimmen. Er will z. B. das Vermögen seinen Kindern zukommen lassen, aber zunächst den Unterhalt seiner Frau dadurch sichern, daß sie als Erbin in den Genuß seines Vermögens kommt. Dies kann er durch die Anordnung einer *Nacherbschaft* erreichen.

Der *Nacherbe* löst den zunächst eingesetzten Erben – den *Vorerben* – ab, nachdem dieser eine Zeitlang, nämlich bis zum *Nacherbfall,* Erbe gewesen ist, §§ 2100, 2139. Nacherbfall kann, muß aber durchaus nicht der Tod des Vorerben sein. Hat der Erblasser den Zeitpunkt des Nacherbfalls nicht bestimmt, so tritt gemäß § 2106 I die Nacherbfolge mit dem Tode des Vorerben ein.

F_7 Der Erblasser E hat bestimmt: „Ich möchte, daß mein Sohn S mein Geschäft fortführt; da er aber noch zu jung ist, soll bis zu seiner Volljährigkeit meine Frau Alleinerbin sein."
Wann tritt der Erbfall und wann tritt der Nacherbfall ein?

A_7 Erbfall ist der Tod des E, Nacherbfall der Eintritt der Volljährigkeit des S.

I_8 Der Nacherbe ist also vom Ersatzerben zu unterscheiden: Der Nacherbe folgt *zeitlich* einem Vorerben *nach*. Hingegen tritt der Ersatzerbe *an die Stelle* eines ursprünglich Eingesetzten, der aber niemals Erbe geworden ist. Während bei Ersatzerbschaft nur *eine* Rechtsnachfolge nach dem Erblasser stattfindet, geht bei Nacherbschaft das Vermögen des Erblassers *nacheinander* durch die Hand des Vorerben in die des Nacherben.

Stirbt der Vorerbe *vor* dem Erbfall, so besteht regelmäßig kein Grund mehr, den Nacherben warten zu lassen. Denn der Nacherbe ist in der Regel nur deswegen zu einem späteren Zeitpunkt zur Erbfolge berufen, weil vorher noch ein bestimmter anderer in den Genuß der Erbschaft kommen soll. Daher enthält die Einsetzung zum Nacherben im Zweifel auch die Einsetzung zum Ersatzerben, § 2102 I.

F_8 Unter welchen Voraussetzungen geht der Nachlaß auf den Ersatzerben und unter welchen Voraussetzungen geht er auf den Nacherben über?

A_8 Der Ersatzerbe erhält den Nachlaß, wenn der zunächst zum Erben Eingesetzte überhaupt nicht Erbe wird. Der Nacherbe erhält den Nachlaß, wenn der zunächst Eingesetzte Erbe geworden und der Nacherbfall eingetreten ist.

I_9 Wichtig ist: Der Nacherbe ist wie der Vorerbe Erbe des Erblassers; er beerbt *nicht* den Vorerben. (Das ergibt sich auch daraus, daß die Nacherbfolge nicht nur mit dem Tod des Vorerben eintreten kann, vgl. § 2106 I.) Man muß daher bis zum Eintritt des Nacherbfalls immer unterscheiden zwischen dem Nachlaß des Erblassers und dem sonstigen Vermögen des Vorerben.

F_9 V hat seinen Sohn S zum Vorerben und die Kinder K_1 und K_2 seiner Tochter T zu Nacherben eingesetzt. Nach dem Tode des V setzt S seine Frau F zu seiner Erbin ein. Als S stirbt, behauptet F, ihr gehöre nunmehr der Nachlaß des V. Mit Recht?

A_9 Nein. Die F ist zwar testamentarische Erbin des S. Der Nachlaß des V ist aber, da Nacherbschaft angeordnet ist, vom sonstigen Vermögen des Vorerben S zu trennen und fällt mit dem Nacherbfall den Nacherben K_1 und K_2 zu. Nur das sonstige Vermögen des S bildet dessen Nachlaß und gehört jetzt der F.

I_{10} Durch Anordnung der Nacherbfolge kann der Erblasser auch Personen bedenken, die zum Zeitpunkt des Erbfalls *noch nicht leben*, ja *noch nicht* einmal *erzeugt* sind. Nach § 1923 I kann an sich nur Erbe werden, wer zur Zeit des Erbfalls lebt.

Nach § 1923 II ist allerdings auch der *nasciturus* erbfähig.

Diese beiden Regeln sind gemäß § 2108 I auf die Nacherbfolge entsprechend anzuwenden. Das bedeutet: Um Nacherbe zu werden, braucht man nicht schon beim Eintritt des Erbfalls erbfähig zu sein, d. h. zu leben oder wenigstens erzeugt zu sein, sondern erst beim Eintritt des Nacherbfalls.

F_{10} E faßt auf dem Sterbebette den Entschluß, nicht seine Tochter T, mit der er sich nie verstanden hat, wohl aber deren Kinder zu seinen Erben zu machen. Die T hat bereits ein Kind, sie erwartet ein zweites und wünscht sich noch ein drittes.

Kann E die drei Kinder der T zu seinen Erben bzw. Nacherben machen?

A_{10} Das bereits geborene Kind kann nach § 1923 I und das noch nicht geborene, aber schon erzeugte nach § 1923 II Erbe werden. Selbstverständlich kann E beide Kinder auch zu Nacherben einsetzen; das folgt schon aus § 1923, da sie schon zur Zeit des Erbfalls erbfähig sind.

Das „Wunschkind" hingegen kann gemäß § 1923 nicht Erbe des E werden, wohl aber Nacherbe, da hierfür nach § 2108 I i. V. m. § 1923 Erbfähigkeit im Zeitpunkt des Nacherbfalls ausreicht. (Sollte E es dennoch als „Erben" bezeichnen, so ist nach § 2101 I 1 anzunehmen, daß Nacherbschaft gemeint ist.)

I_{11} Der Erblasser kann anordnen, daß dem Nacherben ein weiterer Nacherbe folgt (*gestaffelte Nacherbfolge*). Der erste Nacherbe ist dann zugleich Vorerbe des zweiten Nacherben.

B E setzt, um die Kontinuität in der Führung seines Unternehmens zu sichern, seine Frau zur Vorerbin, seinen Sohn S zum Nacherben und dessen Sohn K zum zweiten Nacherben ein.

Nach dem Prinzip der gestaffelten Nacherbfolge könnte der Erblasser an sich das rechtliche Schicksal seines Vermögens bis in die fernste Zukunft bestimmen. Um dies zu verhindern, beschränkt das Gesetz die Wirksamkeit der Anordnung einer Nacherbfolge für den Regelfall auf 30 Jahre nach dem Tod des Erblassers, § 2109.

F_{11} E hat seine Frau F zur Vorerbin und seinen Sohn S zum Nacherben eingesetzt. E stirbt mit 50 Jahren, die gleichaltrige F erst mit 85 Jahren. Die F hat den S enterbt und ihren Bruder B zum Erben eingesetzt. Wer erbt beim Tode der F den Nachlaß des E?
Beachten Sie bei der Lösung insbesondere § 2109 I 2 Nr. 1 i. V. m. § 2106 I.

A_{11} Wenn die Anordnung der Nacherbschaft wirksam ist, muß zwischen dem Nachlaß des E und dem sonstigen Vermögen der Vorerbin F unterschieden werden. Da 30 Jahre nach dem Erbfall der Nacherbfall noch nicht eingetreten war, ist an sich nach § 2109 I 1 die Anordnung der Nacherbfolge unwirksam. Jedoch trifft hier die Ausnahme in § 2109 I 2 Nr. 1 zu: Nacherbfall ist ein bestimmtes Ereignis in der Person des Vorerben, nämlich dessen Tod (vgl. § 2106 I), und derjenige, in dessen Person dieses Ereignis eintreten soll, lebt zur Zeit des Erbfalls bereits. Daher ist S Nacherbe des E geworden. Die Enterbung des S durch die F betrifft nur das sonstige Vermögen der F, welches dem B zufällt.

I_{12} Wie allgemein der zum Erben Eingesetzte, so hat auch der zum Nacherben Eingesetzte zu Lebzeiten des Erblassers noch keine gesicherte Rechtsposition, sondern lediglich eine tatsächliche Erwerbsaussicht, die weder übertragbar noch vererblich ist.

Erst mit dem Erbfall erhält der zum Nacherben Eingesetzte eine *Anwartschaft* darauf, Erbe zu werden. Diese Anwartschaft kann nach dem Willen des Erblassers vererblich sein. Ein derartiger Wille ist im Zweifel anzunehmen, wenn die Nacherbfolge befristet ist (§ 2108 II 1), nicht aber, wenn sie bedingt ist (§ 2108 II 2 i. V. m. § 2074).

B Befristet ist die Nacherbfolge nicht nur, wenn sie mit einem bestimmten Zeitpunkt eintreten soll (z. B. „am 1. 1. 1980“ oder „zehn Jahre nach meinem Tode“), sondern auch, wenn Nacherbfall der Tod des Vorerben ist; denn Befristung liegt bei jedem Ereignis vor, dessen Eintritt gewiß ist, auch wenn der Zeitpunkt ungewiß ist.
Bedingt ist die Nacherbfolge, wenn der Eintritt des Nacherbfalls ungewiß ist (z. B. Wiederheirat des Vorerben).

Die Anwartschaft des Nacherben ist nach allgemeiner Ansicht auch übertragbar. Eine gesetzliche Regelung der Übertragung fehlt. Man wendet § 2033 I (Übertragung des Anteils eines Miterben, s. u. Kap. X, I_2) analog an.

F_{12} a) Tritt Nacherbfolge ein, wenn der Nacherbe vor dem Erbfall stirbt und kein Ersatznacherbe bestimmt ist?

b) Wer wird Nacherbe, wenn der befristet eingesetzte Nacherbe nach dem Erbfall, aber vor dem Nacherbfall stirbt?

c) Kann, wenn der Nacherbe nach dem Nacherbfall stirbt, noch eine weitere Person Nacherbe werden?

A_{12} a) Nein, vgl. § 2108 I i. V. m. § 1923 I.

b) Die Erben des Nacherben, sofern nicht ein gegenteiliger Wille des Erblassers anzunehmen ist, § 2108 II 1.

c) Ja, bei gestaffelter Nacherbfolge (s. o. I_{11}).

I_{13} Der Vorerbe ist wahrer Erbe. Er ist daher Eigentümer der zum Nachlaß gehörenden Sachen und Inhaber der zum Nachlaß gehörenden Rechte. Das unterscheidet ihn vom Nießbraucher, der nur die Nutzungen ziehen darf (§ 1030 I), ohne Eigentümer bzw. Inhaber zu sein.

Die Erbenstellung des Vorerben ist jedoch zeitlich beschränkt. Mit dem Nacherbfall wird der Nacherbe Erbe und damit von selbst Eigentümer bzw. Inhaber der zum Nachlaß gehörenden Sachen bzw. Rechte. Er hat daher mit dem Eintritt des Nacherbfalls einen Herausgabeanspruch gegen den Vorerben, § 2130 I 1.

F_{13} Der Erblasser E hatte für die Buchhaltung seiner Firma von X einen Kleincomputer gemietet. Der Vorerbe V, selbst Unternehmer, läßt den Computer in seinem eigenen Betrieb installieren. Nach Eintritt des Nacherbfalls verlangt der Nacherbe N den Computer von V heraus. Mit Recht?

A_{13} Ja. Zur Erbschaft gehört auch der Besitz an den vom Erblasser gemieteten Sachen. Daher muß V dem N nach § 2130 I 1 den Computer herausgeben.
(Einen Anspruch aus § 985 hat N nicht, da nicht er, sondern der Vermieter X Eigentümer des Computers ist.)

I_{14} Der Vorerbe hat die Erbschaft in dem Zustand herauszugeben, in dem sie sich bei ordnungsgemäßer Verwaltung befunden hätte, § 2130 I 1. Bei Untergang oder Verschlechterung eines Erbschaftsgegenstandes haftet der Vorerbe wegen Unmöglichkeit (§ 280) bzw. positiver Forderungsverletzung.
Er hat aber gemäß § 2131 nur für diejenige Sorgfalt einzustehen, die er auch in eigenen Angelegenheiten anzuwenden pflegt (sog. eigenübliche Sorgfalt, vgl. § 277). § 2132 stellt klar, daß der Vorerbe die gewöhnlichen Abnutzungen nicht zu vertreten hat.

F_{14} Dem Vorerben V ist bei den Olympischen Spielen eine zum Nachlaß gehörende Filmkamera aus seinem unverschlossenen Pkw gestohlen worden. Der Nacherbe N verlangt von V Schadensersatz. V beruft sich darauf, daß er Eigentümer der Kamera gewesen sei und daß er seinen Wagen meistens unverschlossen parke.
Wie ist zu entscheiden?

A_{14} Hätte V die Kamera noch, wäre er nach § 2130 I 1 zur Herausgabe an N verpflichtet. Wegen des Diebstahls ist ihm die Herausgabe unmöglich. Daher ist V nach §§ 280 I, 275 II schadensersatzpflichtig, sofern er die Unmöglichkeit zu vertreten hat. Zwar war V in der Zeit zwischen Erbfall und Nacherbfall Eigentümer der Kamera, jedoch durfte er im Hinblick auf den möglichen Eintritt des Nacherbfalls nicht nach Belieben mit den Nachlaßgegenständen verfahren, sondern war zur ordnungsgemäßen Verwaltung verpflichtet. Diese Pflicht hat er fahrlässig verletzt. Zwar haftet er als Vorerbe nach § 2131 nur für eigenübliche Sorgfalt, und er geht mit seinen eigenen, nicht zum Nachlaß gehörenden Sachen nicht weniger leichtsinnig um. Dies befreit ihn nach § 277 jedoch nicht von der Haftung für grobe Fahrlässigkeit. Das Nicht-Verschließen des Pkw ist, jedenfalls bei einer Massenveranstaltung, grobfahrlässig. V ist daher dem N schadensersatzpflichtig.

I_{15} Der Nachlaß gehört zwar bis zum Nacherbfall dem Vorerben. Er bildet aber ein Sondervermögen, das möglichst ungeschmälert für den Nacherben erhalten werden soll. Diesem Ziel dient (neben der Haftung für nicht ordnungsgemäße Verwaltung) die Wertersatzpflicht aus § 2134 (bitte nachlesen!) und die *dingliche Surrogation*, § 2111:

Gegenstände, die an die Stelle von Nachlaßgegenständen treten, werden selbst Nachlaßgegenstände, und zwar in folgenden Fällen:

a) Der Vorerbe erwirbt etwas aufgrund eines zum Nachlaß gehörenden Rechtes.

B Eine bereits vom Erblasser erworbene Forderung wird vom Schuldner erfüllt.

b) Der Vorerbe erwirbt etwas als Ersatz für die Zerstörung, Beschädigung oder Entziehung eines Erbschaftsgegenstandes.

B Der Vorerbe wird für die Enteignung eines Nachlaßgrundstücks entschädigt.

c) Der Vorerbe erwirbt etwas durch Rechtsgeschäft mit Mitteln der Erbschaft.

B Der Vorerbe kauft mit Geld aus dem Nachlaß einen Pkw.

Es ist dabei nicht erforderlich, daß der Vorerbe für den Nachlaß tätig werden will. Entscheidend ist allein, ob die für den Erwerb aufgewandten Mittel aus dem Nachlaß stammen.

F_{15} Der Vorerbe V tauscht ein zum Nachlaß gehörendes Motorboot gegen einen Wohnwagen gleichen Wertes. Wer ist nach Eintritt des Nacherbfalls Eigentümer des Wohnwagens?
Wer wäre Eigentümer, wenn es § 2111 nicht gäbe und dem Nacherben infolgedessen nur ein Anspruch aus § 281 zustände?

A_{15} Im Ausgangsfall ist der Nacherbe Eigentümer des Wohnwagens geworden. Zwar hat der Wohnwagen dem Erblasser nie gehört, sondern ist dem V von seinem Tauschpartner übereignet worden. Der V hat ihn aber rechtsgeschäftlich mit Mitteln der Erbschaft erworben, denn er hat seinem Tauschpartner als Gegenleistung das zum Nachlaß gehörende Motorboot übereignet. Daher gehört nunmehr gemäß § 2111 I 1 der Wohnwagen zum Nachlaß. Infolgedessen ist das Eigentum am Wohnwagen (wie das Eigentum an allen anderen Nachlaßsachen) mit dem Nacherbfall auf den Nacherben übergegangen.

Gäbe es die dingliche Surrogation nicht, so wäre V auch nach dem Nacherbfall Eigentümer des Wohnwagens, da dieser nicht aus dem Nachlaß stammt, sondern dem V von seinem Tauschpartner übereignet worden ist. Allerdings hätte der Nacherbe einen schuldrechtlichen Anspruch aus § 281 auf Übereignung des Wohnwagens, da V das Eigentum am Wohnwagen durch denselben Umstand erlangt hat, der ihm die Herausgabe des Motorbootes an den Nacherben unmöglich gemacht hat.

I_{16} Der Vorerbe ist als Eigentümer der zum Nachlaß gehörenden Sachen zur *Verfügung* befugt, § 2112. Diese Befugnis unterliegt aber wichtigen *Beschränkungen*, die der Substanzerhaltung des Nachlasses dienen.

Nach § 2113 I kann der Vorerbe über *Grundstücke* und *Grundstücksrechte* insoweit nicht verfügen, als dadurch das Recht des Nacherben beeinträchtigt oder vereitelt werden würde. Ob eine solche Rechtsbeeinträchtigung oder -vereitelung vorliegt, ist nach rechtlichen, nicht nach wirtschaftlichen Gesichtspunkten zu beurteilen.

B Der Vorerbe kann nach § 2113 I ein Nachlaßgrundstück nicht veräußern, auch wenn er einen noch so günstigen Preis dafür erzielen würde.

F_{16} Der Vorerbe V räumt dem A an einem Nachlaßgrundstück einen Nießbrauch bis zum Eintritt des Nacherbfalls ein. Ist die Bestellung des Nießbrauchs wirksam?

A_{16} Die Einräumung des Nießbrauchs ist wirksam. Sie stellt zwar eine Verfügung über das Grundstück dar. Da der Nießbrauch aber nur bis zum Nacherbfall dauert, beeinträchtigt er das Recht des Nacherben nicht. Die Verfügungsbeschränkung des § 2113 I greift daher nicht ein.

I_{17} Die Unwirksamkeit der Verfügung nach § 2113 I ist absolut. Es kann sich also nicht nur der Nacherbe, sondern auch jeder Dritte auf sie berufen. Sie tritt aber erst mit dem Nacherbfall ein, dann allerdings mit rückwirkender Kraft.

Bis zum Nacherbfall ist die Verfügung wirksam (sog. schwebende Wirksamkeit). Bleibt der Nacherbfall aus, so ist sie endgültig wirksam. Dasselbe gilt gemäß § 185, wenn der Nacherbe seine Einwilligung zur Verfügung erteilt (wozu er unter den Voraussetzungen des § 2120 verpflichtet ist) oder die Verfügung genehmigt.

Auf die Wirksamkeit des *Verpflichtungsgeschäfts* hat die *Verfügungsbeschränkung* des § 2113 I keinen Einfluß. Infolge der Verfügungsbeschränkung kann der Vorerbe allerdings u. U. seine Verpflichtung nicht erfüllen und ist dann seinem Vertragspartner gegenüber schadensersatzpflichtig.

F_{17} Der Vorerbe V verkauft und übereignet ein zum Nachlaß gehörendes Hausgrundstück an A. A will das Haus abreißen lassen, um ein neues zu bauen; er läßt das alte aber zunächst noch leer stehen, weil er erst Klarheit über die Rechtslage gewinnen will. Inzwischen ziehen Studenten gegen den Willen des A in das Haus ein.
Kann A von den Studenten nach § 985 Räumung des Hauses verlangen? Wie ist es nach Eintritt des Nacherbfalls?

A_{17} Im Ausgangsfall kann A von den Studenten nach § 985 Räumung des Hauses verlangen, denn V hat dem A durch die Übereignung des Hauses zunächst wirksam Eigentum verschafft. Solange V Vorerbe ist, wirkt sich die Verfügungsbeschränkung aus § 2113 I noch nicht aus.

Erst mit dem Eintritt des Nacherbfalls wird die Übereignung des Hauses rückwirkend unwirksam. Da diese Unwirksamkeit eine absolute ist, können sich auch die Studenten als Dritte dem A gegenüber auf sie berufen. Da jetzt nicht mehr A, sondern der Nacherbe Eigentümer des Hauses ist, steht nur diesem der Anspruch aus § 985 zu.

I_{18} Die Verfügungsbeschränkung gemäß § 2113 I kann aber durch *gutgläubigen Erwerb* überwunden werden. § 2113 III verweist auf die Vorschriften über den gutgläubigen Erwerb, für Grundstücksgeschäfte also auf §§ 892f. Gutgläubig ist, wer den Gegenstand, über den der Vorerbe verfügt, nicht für einen Nachlaßgegenstand hält oder wer nicht weiß, daß der verfügende Erbe nur Vorerbe ist.

Der Nacherbe wird gegen diese Möglichkeit des gutgläubigen Erwerbs vom Vorerben durch Eintragung eines *Nacherbenvermerks* im Grundbuch geschützt, § 51 GBO.

F_{18} V ist einziger gesetzlicher Erbe des E. Nach dem Tode des E läßt V das Grundstück des E auf sich umschreiben. Anschließend veräußert er es an D. Nunmehr wird zur allgemeinen Überraschung ein Testament gefunden, in dem E den V zum Vorerben und N zum Nacherben eingesetzt hat. Ist D nach Eintritt des Nacherbfalls noch Eigentümer des Grundstücks?

A_{18} Ja. Eigentum an Grundstücken wird übertragen durch Auflassung (§ 925) und Eintragung (§ 873 I). Von der Eintragung des D ist auszugehen. Fraglich ist die Wirksamkeit der Auflassung. Zwar war V zur Zeit der Auflassung Eigentümer des Grundstücks, aber da die Übereignung an D das Recht des Nacherben vereiteln würde, war V in der Verfügung über das Grundstück gemäß § 2113 I beschränkt. Jedoch kommt gemäß § 2113 III gutgläubiger Erwerb des D in Betracht. Die Verfügungsbeschränkung steht gemäß § 892 I 1 dem Erwerb des D nur entgegen, wenn sie aus dem Grundbuch ersichtlich oder dem D bekannt war. Beides ist nicht der Fall. Daher ist D auch nach Eintritt des Nacherbfalls Eigentümer.
(Daß die Verfügungsbeschränkung aus dem Grundbuch nicht ersichtlich war, liegt daran, daß V zunächst als gesetzlicher Erbe angesehen wurde. Wäre dem Grundbuchamt bei der Umschreibung des Grundstücks das Testament des E schon bekannt gewesen, so hätte es gemäß § 51 GBO von Amts wegen einen Nacherbenvermerk eintragen müssen, der den gutgläubigen Erwerb des D ausgeschlossen hätte.)

I_{19} Eine zweite Verfügungsbeschränkung enthält § 2113 II: Sie betrifft *unentgeltliche* Verfügungen. (Bei entgeltlichen Verfügungen verhindert die dingliche Surrogation nach § 2111 die Aushöhlung des Nachlasses.)

Nach der Rechtsprechung liegt eine unentgeltliche Verfügung im Sinne des § 2113 II vor, wenn der Vorerbe ein Opfer aus der Erbmasse bringt und dabei weiß oder unter Berücksichtigung seiner Pflicht zur ordnungsgemäßen Verwaltung der Erbschaft wissen muß, daß diesem Opfer keine gleichwertige Gegenleistung gegenübersteht (vgl. BGHZ 7,274 ff.).

Auch für diese Verfügungsbeschränkung gilt nach § 2113 III die Möglichkeit gutgläubigen Erwerbs. Bei der Schenkung beweglicher Sachen bedeutet dies, daß der Erwerber, der ohne grobe Fahrlässigkeit die Sache nicht zum Nachlaß rechnet oder den Vorerben als Vollerben ansieht, gemäß §§ 932 ff. Eigentum erwirbt. Er ist dem Nacherben allerdings nach § 816 I 2 schuldrechtlich zur Herausgabe des geschenkten Gegenstandes verpflichtet.

F_{19} (zur Wiederholung von $I_{14} - I_{19}$)
Wie wird der Nacherbe gegen die Beeinträchtigung seines Rechtes geschützt

a) bei entgeltlichen Verfügungen des Vorerben über Mobilien,

b) bei entgeltlichen Verfügungen des Vorerben über Immobilien,

c) bei unentgeltlichen Zuwendungen des Vorerben an gutgläubige Dritte,

d) bei unentgeltlichen Zuwendungen des Vorerben an bösgläubige Dritte,

e) bei Verbrauch von Erbschaftsgegenständen für eigene Zwecke des Vorerben?

A_{19} a) durch dingliche Surrogation, § 2111 I 1;

b) durch die Verfügungsbeschränkung des § 2113 I, sofern sie im Grundbuch eingetragen oder dem Erwerber bekannt ist, andernfalls durch dingliche Surrogation;

c) durch den schuldrechtlichen Anspruch aus § 816 I 2;

d) durch die Verfügungsbeschränkung des § 2113 II;

e) durch den Wertersatzanspruch aus § 2134.

In allen Fällen ist außerdem zu prüfen, ob der Vorerbe zum Schadensersatz verpflichtet ist, weil er sich seine Pflicht zur Herausgabe gemäß § 2130 I 1 schuldhaft unmöglich gemacht hat.

I_{20} Will der Erblasser dem Vorerben den Nachlaß nicht nur zur Verwaltung und Nutznießung überlassen, sondern ihm auch Eingriffe in die Substanz des Nachlasses erlauben, kann er ihn gemäß § 2136 von den meisten Beschränkungen und Verpflichtungen befreien (sog. *befreite Vorerbschaft*).

Nicht befreien kann der Erblasser von der Verfügungsbeschränkung des § 2113 II (unentgeltliche Verfügung). Nicht ausgeschlossen werden kann auch die dingliche Surrogation.

Der Erblasser kann die Befreiung auf einzelne der in § 2136 aufgezählten Vorschriften beschränken. Befreit er den Vorerben von allen Beschränkungen, so braucht dieser die Erbschaft nur in dem Zustand und Umfang herauszugeben, den sie beim Nacherbfall hat. Schadensersatzansprüche wegen nicht ordnungsgemäßer Verwaltung kommen dann nicht in Betracht, ebensowenig Wertersatzansprüche nach § 2134. Der Vorerbe kann dann auch über Grundstücke und Grundstücksrechte verfügen, allerdings nicht unentgeltlich.

F_{20} Der Bauunternehmer U hatte in seinem Testament seine Frau F als befreite Vorerbin eingesetzt und seine beiden Kinder A und B als Nacherben. Zum Nachlaß gehörte auch ein Wohnblock mit einem Verkehrswert von etwa 2 Mio. DM. F übertrug das Grundstück auf A. Dafür räumte A der F ein lebenslängliches Wohnrecht an einer der Wohnungen in dem Wohnblock ein und verpflichtete sich außerdem, dem B beim Nacherbfall eine einmalige Abfindung in Höhe von 500.000,– DM zu zahlen. Steht der Wirksamkeit der Veräußerung § 2113 entgegen?

A_{20} Die Veräußerung des Grundstücks ist beim Eintritt des Nacherbfalls gemäß § 2113 II unwirksam. Zwar war die F in der Verfügung über Grundstücke nicht gemäß § 2113 I beschränkt, da sie befreite Vorerbin war. Gleichwohl konnte sie das Grundstück nicht unentgeltlich übertragen, denn zu unentgeltlichen Verfügungen ist auch der befreite Vorerbe nicht befugt. § 2113 II bezieht sich nicht nur auf bewegliche Sachen, sondern auf alle Gegenstände. Die Unentgeltlichkeit der Verfügung ergibt sich hier daraus, daß die von A zu erbringenden Gegenleistungen erkennbar in grobem Mißverhältnis zum Wert des Hauses stehen.

I_{21} Eine Erbeinsetzung kann *bedingt* oder *befristet* sein. Die Vor- und Nacherbschaft ist der wichtigste Fall einer bedingten oder befristeten Erbeinsetzung.

B Eine Bedingung, die sich häufig in Testamenten findet, ist die sog. *Verwirkungsklausel:* Der Erblasser macht eine Zuwendung im Testament davon abhängig, daß der Bedachte das Testament nicht zu Fall zu bringen versucht, etwa durch Anfechtung einzelner Verfügungen oder durch Anzweiflung der Zurechnungsfähigkeit des Erblassers.

Eine Auslegungsregel für bedingte Zuwendungen enthält § 2075: Hat der Erblasser dem Bedachten etwas unter der Bedingung zugewandt, daß dieser fortwährend etwas tut oder unterläßt, was in seiner Willkür liegt, so soll im Zweifel die Zuwendung als *auflösend* bedingt betrachtet werden. Da sich in diesen Fällen in der Regel erst beim Tode des Bedachten herausstellt, ob er die Bedingung erfüllt hat, käme er, wenn die Zuwendung *aufschiebend* bedingt wäre, nie in ihren Genuß.

F_{21} Der Erblasser E hat seine Nichte N unter der Bedingung als Erbin eingesetzt, daß sie zeitlebens sein Grab pflegt. Andernfalls sollen der Neffe P oder dessen Abkömmlinge Erben sein.
Welche Erbenstellung hat die N gemäß § 2075?

A_{21} Dem Wortlaut nach könnte man die N als aufschiebend bedingt eingesetzte Erbin ansehen: Die Bedingung wäre eingetreten, wenn sie bis zu ihrem Lebensende das Grab des E nicht verkommen läßt. § 2075 vermutet jedoch, daß die Einsetzung auflösend bedingt ist. Die N ist dann auflösend bedingt eingesetzte Vorerbin. Läßt sie das Grab verkommen, so tritt der Nacherbfall ein. Pflegt sie aber das Grab bis zu ihrem Tode, so kann die auflösende Bedingung und damit der Nacherbfall nicht mehr eintreten; die N ist dann Vollerbin – gewesen.

I_{22} Fraglich ist, ob die Erbeinsetzung auch unter der Bedingung vorgenommen werden kann, daß ein Dritter ihr zustimmt.

B Der Erblasser bestimmt z. B.: „Mein Sohn S soll Alleinerbe sein, wenn meine Frau damit einverstanden ist."

Solche Bedingungen verstoßen gegen § 2065 I. Die Erbeinsetzung ist daher nichtig.
Die Rechtsprechung (vgl. BGHZ 2,35) hat es allerdings für zulässig gehalten, die Einsetzung eines Nacherben davon abhängig zu machen, daß der Vorerbe die Nacherbschaft will.

B Der Erblasser E testiert: „Ich setze meine Frau F zur Erbin ein. Für den Fall, daß sie über mein Vermögen nicht anders verfügt, soll unser Sohn S mein Nacherbe sein."

In diesen Fällen wird dem Vorerben praktisch die Wahl gelassen, ob er nur Vorerbe sein will oder aber Vollerbe mit der Folge, daß er auch über den Nachlaß des Erblassers frei testieren kann.

Kapitel V

ANDERE VERFÜGUNGEN VON TODES WEGEN

I_1 Der Erblasser kann durch Testament oder Erbvertrag jemandem einen Vermögensvorteil zuwenden, ohne ihn zum Erben einzusetzen, §§ 1939, 1941. Eine solche Anordnung (*Vermächtnis*) begründet für den *Bedachten* (Vermächtnisnehmer) im Gegensatz zur Erbeinsetzung nur einen schuldrechtlichen Anspruch gegen den Beschwerten auf Leistung des vermachten Gegenstandes, § 2174. Der *Beschwerte*, d. i. in der Regel der Erbe, u. U. aber auch ein anderer Vermächtnisnehmer (vgl. § 2147), ist verpflichtet, den vermachten Gegenstand durch ein selbständiges Vollzugsgeschäft (z. B. Übereignung) auf den Vermächtnisnehmer zu übertragen.

F_1 Witwer Wunderlich hat drei Töchter, Frauke, Elke und Wibke. Es testiert: „Nur Elke und Wibke sollen Erben sein. Der Frauke sollen sie ein Drittel der Erbschaft auszahlen." Frauke behauptet unter Berufung auf § 2087 I, Miterbin zu sein. Mit Recht?

A_1 Nein. § 2087 I, wonach die Zuwendung eines Bruchteils des Vermögens als Erbeinsetzung anzusehen ist, ist nur eine Auslegungsregel. Sie greift ein, wenn unklar ist, ob der Erblasser mit der Zuwendung des Bruchteils dem Bedachten eine Erbenstellung zukommen lassen wollte. Hier ist aber nach dem Text des Testamentes klar, daß Frauke nur einen Zahlungsanspruch gegen die Erben haben, also nicht Erbin sein sollte. Es handelt sich um ein sog. Quotenvermächtnis, d. h. ein Vermächtnis, durch das ein Geldanspruch in Höhe des Wertes eines Bruchteils des Nachlasses begründet wird.

I_2 *Beschwert* mit einem Vermächtnis kann gemäß § 2147 S. 1 sowohl der Erbe wie auch ein anderer Vermächtnisnehmer sein. Die Art der Erbenstellung (gesetzliche oder testamentarische, Vor- oder Nacherbschaft, Allein- oder Miterbschaft) ist gleichgültig. Bei Miterben kann der Erblasser auch einen einzelnen Erben mit dem Vermächtnis beschweren. – Ist ein Vermächtnisnehmer beschwert, spricht man von einem *Untervermächtnis.*
Fällt der Beschwerte weg, so bleibt nach § 2161 S. 1 das Vermächtnis im Zweifel bestehen; beschwert ist dann der, dem der Wegfall des zunächst Beschwerten zugute kommt (§ 2161 S. 2), also anstelle eines Erben der Ersatzerbe bzw. der anwachsungsberechtigte Miterbe, anstelle eines Vermächtnisnehmers der Erbe.
Streitig ist, ob in Analogie zum Erben und Vermächtnisnehmer auch derjenige beschwert werden kann, der durch Vertrag zugunsten Dritter (z. B. Lebensversicherung) mit dem Tod des Erblassers das Recht auf eine Leistung erwirbt. Für die Analogie spricht, daß der so Begünstigte wirtschaftlich einem Vermächtnisnehmer gleichsteht und sich, ähnlich wie der Erbe und der Vermächtnisnehmer durch Ausschlagung, der Beschwerung durch Zurückweisung gem. § 333 entledigen kann (vgl. Brox, Rdnr. 407).

F_2 Gesetzliche Erben des Erblassers Emil sind seine Söhne Siegfried und Adam. Emil setzt Adam auf den Pflichtteil. Seinem Bruder Bruno wendet er ein Vermächtnis von 1.000,– DM zu. Seinem Freund Fridolin möchte er 200,– DM zuwenden. Wen kann er mit diesem Vermächtnis beschweren:

a) Siegfried,

b) Adam,

c) Bruno,

d) Siegfrieds Sohn Klein-Siegfried?

A_2 Siegfried kann als Erbe und Bruno als Vermächtnisnehmer beschwert werden, § 2147 S. 1, nicht aber Adam, der weder Erbe (vgl. § 2304) noch Vermächtnisnehmer ist, sondern einen Pflichtteilsanspruch hat (dazu unten Kap. VIII). Ebensowenig kann Klein-Siegfried, der gar nichts aus dem Nachlaß erhält, beschwert werden.

I_3 Das Vermächtnis ist unwirksam, wenn der Bedachte zur Zeit des Erbfalls nicht mehr lebt, § 2160. Anders als der Erbe (§ 1923 II) braucht der Vermächtnisnehmer beim Erbfall aber noch nicht erzeugt zu sein. Das Vermächtnis wird aber in der Regel unwirksam, wenn der Bedachte nicht binnen 30 Jahren nach dem Erbfall erzeugt ist, § 2162 II.

Abweichend von § 2065 II (vgl. Kap. III, I_7) kann der Erblasser die Bestimmung der *Person* des Vermächtnisnehmers dem Beschwerten oder einem Dritten überlassen, sofern er den Personenkreis, aus dem der Bedachte ausgewählt werden soll, abgegrenzt hat, § 2151 I. Der vom Erblasser angegebene Personenkreis muß allerdings nach h. M. überschaubar sein.

B Die Angabe „einer meiner Enkel" würde genügen, nicht aber „ ein Bürger Hamburgs".

Hat der Erblasser den Zweck seines Vermächtnisses bestimmt, so kann er, ebenfalls abweichend von § 2065 II, auch die Bestimmung des *Vermächtnisgegenstandes* dem Beschwerten oder einem Dritten überlassen, § 2156 – sog. *Zweckvermächtnis.*

B „Mutter soll auf Kosten des Nachlasses eine Erholungsreise machen. Näheres soll mein ältester Sohn regeln." Hier kann der Sohn im Rahmen des billigen Ermessens über Art, Zeit, Dauer und Ziel der Reise entscheiden und auch darüber, ob er für die Mutter einen Reisevertrag abschließen oder ihr das erforderliche Geld aushändigen will.

I_4 *Anfall* des Vermächtnisses bedeutet Entstehung der Forderung des Vermächtnisnehmers. Der Anfall erfolgt regelmäßig mit dem Erbfall (§ 2176), bei aufschiebend bedingten oder befristeten Vermächtnissen mit dem Eintritt der Bedingung oder des Zeitpunktes (§ 2177). In der Zeit zwischen Erbfall und Anfall des Vermächtnisses wird der Bedachte durch §§ 2179, 160 I geschützt: Der Beschwerte ist zum Schadensersatz verpflichtet, wenn er die Erfüllung des Vermächtnisses schuldhaft vereitelt. Zwischenzeitliche Verfügungen des Beschwerten sind jedoch wirksam; auf § 161 ist in § 2179 nämlich nicht verwiesen.

F_4 Erblasser Egon hat seinem Neffen Norbert einen Oldtimer aus dem Jahre 1923 unter der aufschiebenden Bedingung vermacht, daß Norbert seine medizinische Doktorprüfung besteht. Der beschwerte Erbe Karl-Otto, der Norbert für einen Versager hält und daher nicht mit dem Eintritt der Bedingung rechnet, veräußert den Wagen an X. Welche Rechte hat Norbert nach Bestehen der Doktorprüfung gegen X und gegen Karl-Otto?

A4 Gegen X hat er keine Ansprüche, insbesondere nicht aus § 985, da X vom Erben Karl-Otto das Eigentum erworben hat; § 161 I gilt hier nicht, denn Norbert hatte nicht schon aufschiebend bedingtes Eigentum, sondern nur eine aufschiebend bedingte Forderung gegen Karl-Otto.

Wegen schuldhafter Vereitelung der Erfüllung dieser Forderung hat Norbert einen Schadensersatzanspruch gegen Karl-Otto aus §§ 2179, 160 I.

I5 Auf das Forderungsrecht des Vermächtnisnehmers sind, soweit nicht besondere erbrechtliche Vorschriften eingreifen, die Bestimmungen des allgemeinen Schuldrechts anwendbar, z. B. über Fälligkeit (§ 271), Haftung wegen Unmöglichkeit (§§ 275 ff.), Schuldner- und Gläubigerverzug (§§ 284 ff. und §§ 293 ff.).

F5 E ist Erbe; dem V ist eine Vase vermacht; B, der Bruder des E, zerstört sie fahrlässig, bevor E sie dem V übereignen konnte.
Welche Ansprüche hat V gegen B und gegen E?

A_5 Gegen B hat V keinen Anspruch, insbesondere nicht aus § 823 I, da V noch nicht Eigentümer war.
Gegen E hat V keinen Anspruch auf Schadensersatz aus § 280, da E die Zerstörung der Vase nicht zu vertreten hat, wohl aber einen Anspruch aus § 281 I auf Abtretung des Schadensersatzanspruchs, den E aus § 823 I gegen B hat. Zwar ist dem E kein Schaden entstanden, da er nach § 275 durch die Zerstörung der Vase von seiner Verpflichtung aus dem Vermächtnis frei geworden ist. Daß der Schaden sich von E auf V verlagert, kommt jedoch dem Schädiger nicht zugute. Vielmehr kann E im Wege der Drittschadensliquidation den Schaden des V geltend machen.

I_6 Die Verpflichtung aus dem Vermächtnis kann Gattungs- oder Stückschuld sein.
Beim *Gattungsvermächtnis* (z. B. „Mein Freund Fritz soll ein Paar Ski erhalten.") werden abweichend von § 243 I nicht Sachen mittlerer Art und Güte, sondern gemäß § 2155 I den Verhältnissen des Bedachten entsprechende Sachen geschuldet.
Ein *Stückvermächtnis* (z. B. „Mein Freund Fritz soll meine Ski bekommen.") ist nach § 2169 I im Zweifel unwirksam, wenn der vermachte Gegenstand zur Zeit des Erbfalls nicht zur Erbschaft gehört. In diesem Fall kann jedoch ein Anspruch des Erblassers auf den vermachten Gegenstand oder ein Ersatzanspruch vermacht sein, § 2169 III. Wollte der Erblasser die Zuwendung auch für den Fall, daß der Gegenstand nicht zur Erbschaft gehört, so ist das Vermächtnis wirksam (§ 2169 I a. E.) und der Beschwerte verpflichtet, dem Bedachten den Gegenstand zu verschaffen (*Verschaffungsvermächtnis*, § 2170).

F_6 Der schwerkranke E vermacht seiner Tochter T den Sportwagen, den er unter Eigentumsvorbehalt gekauft und noch nicht voll bezahlt hatte. Sein Erbe S stellt nach dem Erbfall die Bezahlung der weiteren Raten ein, worauf der Verkäufer V den Wagen zurücknimmt und an X veräußert, der nicht bereit ist, ihn zurückzugeben.
Welche Ansprüche hat die T gegen S?

A_6 E hatte der T ein Vermächtnis zugewandt in Kenntnis des Umstands, daß der vermachte Gegenstand ihm noch nicht gehörte. Daraus ist zu schließen, daß er das Vermächtnis auch für den Fall wollte, daß er beim Erbfall das Eigentum noch nicht erworben hatte, § 2169 I. Es liegt ein Verschaffungsvermächtnis vor, das den S gemäß § 2170 I verpflichtete, der T Eigentum am Sportwagen zu verschaffen. Die Erfüllung dieser Pflicht hat S sich durch Einstellung der Ratenzahlung schuldhaft unmöglich gemacht. Daher haftet er nach § 280 auf Schadensersatz. – Außerdem ist er, unabhängig vom Verschulden, nach § 2170 II 1 zum Wertersatz verpflichtet.

I_7 Der Vermächtnisnehmer kann zugleich Erbe sein. Beschwert mit dem Vermächtnis sind dann entweder seine Miterben oder aber sämtliche Erben einschließlich des Bedachten selbst. In diesem zweiten Fall spricht man von einem *Vorausvermächtnis*, § 2150. Auch ein Alleinerbe kann mit einem Vorausvermächtnis bedacht werden.

Die Doppelstellung als Erbe und Vermächtnisnehmer wirkt sich insbesondere in folgendem aus:

1. Unwirksamkeitsgründe für die jeweilige Rechtsstellung ergreifen regelmäßig nicht die andere Rechtsstellung (vgl. § 2085). Der Bedachte kann z. B. die Erbschaft ausschlagen, das Vermächtnis aber annehmen und umgekehrt.
2. Als Vermächtnisnehmer ist der Bedachte Nachlaßgläubiger (§ 1967 II) und kann als solcher die Befriedigung des Vermächtnisanspruchs bereits vor der Auseinandersetzung der Miterben verlangen (§§ 2046 I 1, 2059 II).

Ein *gesetzliches* Vorausvermächtnis enthält § 1932: Ehegatten erhalten, wenn sie neben Verwandten des Erblassers zur gesetzlichen Erbfolge berufen sind, Haushaltsgegenstände und Hochzeitsgeschenke als sog. *Voraus.*

F_7 E hatte ein Vermögen von 60.000,– DM. Er setzte A, B und C zu je 1/3 zu Erben ein und bedachte A mit einem Vorausvermächtnis in Höhe von 9.000,– DM. Wieviel erhält A nach dem Testament insgesamt?

A_7 A erhält zunächst aufgrund seines Vermächtnisanspruchs (§ 2174) 9.000,– DM. Nach Begleichung dieser Nachlaßverbindlichkeit sind im Nachlaß noch 51.000,– DM vorhanden, von denen A bei der Teilung 1/3 = 17.000,– DM bekommt. A erhält also insgesamt 26.000,– DM.

I_8 Das Vorausvermächtnis muß von der *Teilungsanordnung* (§ 2048) unterschieden werden. Die Teilungsanordnung ermöglicht dem Erblasser, bestimmte Nachlaßgegenstände einem bestimmten Miterben zuzuweisen. Diese Funktion kann auch ein Vorausvermächtnis haben. Durch die Teilungsanordnung will der Erblasser dem Erben aber *nicht über dessen Erbteil hinaus* etwas zuwenden. Der Erbe muß sich daher, was er aufgrund der Teilungsanordnung bekommt, auf seinen Erbteil anrechnen lassen und, wenn der Wert des Gegenstandes seinen Erbteil übersteigt, den übrigen Miterben die Differenz entgelten.

Teilungsanordnungen erlangen, da sie die Art der Auseinandersetzung der Erbengemeinschaft regeln, im Gegensatz zu Vorausvermächtnissen erst im Rahmen der Erbteilung Bedeutung.

F_8 Wie unterscheiden sich Vorausvermächtnis und Teilungsanordnung in bezug auf die wertmäßige Verteilung des Nachlasses?

A_8 Die Teilungsanordnung dient der Verteilung von Nachlaßgegenständen ***innerhalb*** der den Erben zugewiesenen Erbquoten; das Vorausvermächtnis gewährt eine ***zusätzliche*** Beteiligung am Nachlaß.

I_9 Die Abgrenzung zwischen Teilungsanordnung und Vorausvermächtnis wird schwierig, wenn einem Miterben das Recht eingeräumt ist, einen Nachlaßgegenstand *gegen Entgelt* zu übernehmen. Die Möglichkeit, einen bestimmten Gegenstand, wenn auch nur entgeltlich, zu erwerben, stellt einen Vermögensvorteil dar, so daß in der Anordnung eines *Übernahmerechts* ein Vorausvermächtnis liegen kann. Andererseits kann die Entgeltlichkeit der Übernahme aber auch so verstanden werden, daß der Erblasser nur eine Begünstigung des Bedachten über seine Erbquote hinaus ausschließen, also eine Teilungsanordnung treffen wollte.

Die Abgrenzung hat in solchen Fällen danach zu erfolgen, ob der Erblasser dem Bedachten die besonderen Vorteile der Vermächtnisnehmerstellung zukommen lassen wollte (Möglichkeit gesonderter Ausschlagung, vorzeitige Geltendmachung) oder nicht.

B Der Erblasser Eckard bestimmt, daß der Miterbe Michael ein Grundstück gegen vollen Wertausgleich bekommen soll, und zwar, da Michael es für die Erweiterung seines Geschäftsbetriebes dringend benötige, unverzüglich nach dem Erbfall. Hier liegt, da Michael den Anspruch auf das Grundstück nicht erst bei der Erbteilung soll geltend machen dürfen, ein Vorausvermächtnis vor.

I_{10} Der Erblasser kann durch Testament oder Erbvertrag einen Erben oder Vermächtnisnehmer zu einer Leistung verpflichten, *ohne* einem anderen ein Recht auf die Leistung zuzuwenden. Eine solche Anordnung heißt *Auflage,* § 1940.

Im Unterschied zum Vermächtnis braucht durch die Auflage niemand begünstigt zu werden; falls aber jemand begünstigt ist, hat er im Gegensatz zum Vermächtnisnehmer keinen Anspruch auf die Leistung.

F_{10} Schloßherr E belastet seinen Erben S mit der Auflage, den Schloßgarten an jedem Wochenende den Insassen des benachbarten Altersheimes zugänglich zu machen. Zu diesen Insassen gehört auch A, der wissen möchte, ob er von S die Öffnung der ständig verschlossenen Gartentore verlangen kann.

A_{10} Nein. Zwar ist S zur Vollziehung der Auflage verpflichtet, A als Begünstigter hat darauf jedoch keinen Anspruch, § 1940.

I_{11} Da der durch die Auflage Begünstigte, sofern ein solcher überhaupt vorhanden ist, selbst nicht forderungsberechtigt ist, hat das Gesetz anderen Personen das Recht eingeräumt, die Vollziehung der Auflage zu verlangen. Gemäß § 2194 sind dies:

1. der Erbe (gegenüber einem mit der Auflage beschwerten Vermächtnisnehmer) und jeder Miterbe (gegenüber dem beschwerten Miterben oder Vermächtnisnehmer);
2. derjenige, welchem der Wegfall des mit der Auflage zunächst Beschwerten unmittelbar zustatten käme (wenn z. B. der Erbe beschwert ist, der Ersatzerbe oder Nacherbe; ist kein Ersatzerbe oder Nacherbe eingesetzt, der nächste gesetzliche Erbe);
3. die nach Landesrecht zuständige Behörde, wenn die Vollziehung im öffentlichen Interesse liegt.

F_{11} E hat seine Kinder A und B zu Erben und N zum Ersatzerben des A eingesetzt. Dem A hat E auferlegt, sein Grab zu pflegen.
Wer kann die Vollziehung der Auflage verlangen?

A_{11} Gemäß § 2194 B als Miterbe und N als derjenige, welchem der Wegfall von A unmittelbar zustatten kommen würde.

I_{12} Der Erblasser kann ein Interesse daran haben, seine letztwilligen Anordnungen durch eine Person seines Vertrauens ausführen zu lassen, z. B. weil er seinen Erben eine komplizierte Abwicklung des Nachlasses ersparen will oder ihnen eine sachgemäße Vermögensverwaltung nicht zutraut. Zu diesem Zweck (vgl. § 2203) kann er testamentarisch durch Ernennung eines oder mehrerer *Testamentsvollstrecker* (§ 2197 I) die Rechtsmacht der Erben über den Nachlaß beschränken. Der Erblasser kann die Bestimmung der Person des Testamentsvollstreckers einem Dritten (§ 2198 I 1) oder dem Nachlaßgericht (§ 2200 I) übertragen. Testamentsvollstrecker kann nicht nur eine natürliche, sondern auch eine juristische Person sein (arg. §§ 2210 S. 3, 2163 II). Zum Testamentsvollstrecker kann auch ein Miterbe ernannt werden. Wer zum Testamentsvollstrecker ernannt ist, hat dem Nachlaßgericht gegenüber zu erklären, ob er das Amt annimmt, § 2202 II 1. Er kann das Amt jederzeit kündigen, § 2226 S. 1.

F_{12} Warum kann außer den in § 2194 genannten Personen auch der Testamentsvollstrecker vom Erben die Vollziehung einer Auflage verlangen?

A_{12} Weil der Testamentsvollstrecker für die Ausführung der Anordnungen des Erblassers zu sorgen hat, § 2203.

I_{13} Der Erblasser kann den Aufgabenkreis des Testamentsvollstreckers im einzelnen testamentarisch festlegen.

Hat der Erblasser keine besonderen Bestimmungen getroffen, so umfaßt der Aufgabenkreis des Testamentsvollstreckers (1.) die Ausführung der letztwilligen Verfügungen des Erblassers (§ 2203) und (2.) die Auseinandersetzung unter Miterben (§ 2204 I). Ein Testamentsvollstrecker mit diesen Aufgaben heißt *Auseinandersetzungsvollstrecker.*

Ist der Testamentsvollstrecker dagegen zur längerfristigen Verwaltung des Nachlasses eingesetzt (z. B. zur Erzielung von Vermögenserträgen, die er an die Erben abführen soll), so nennt man ihn *Verwaltungsvollstrecker,* vgl. § 2209 S. 1. Verwaltungsvollstreckung ist regelmäßig für höchstens 30 Jahre zulässig, § 2210.

Auseinandersetzungs- und Verwaltungsvollstreckung sind nicht die allein möglichen (vgl. z. B. §§ 2222, 2223), wohl aber die bedeutsamsten Arten der Testamentsvollstreckung.

F_{13} E hat testamentarisch A und B zu seinen Erben eingesetzt, dem C ein Vermächtnis ausgesetzt und den D zum Testamentsvollstrecker ernannt. Welche Aufgaben hat D, wenn E darüber im Testament keine Angaben gemacht hat?

A_{13} D hat als Auseinandersetzungsvollstrecker das Vermächtnis zu erfüllen (§ 2203) und den restlichen Nachlaß unter A und B zu verteilen (§ 2204 I).

I_{14} Der Testamentsvollstrecker hat zur Erfüllung seiner Aufgaben die Befugnis, den Nachlaß zu *verwalten,* § 2205 S. 1. Der Erblasser kann bestimmen, daß nur einzelne Nachlaßgegenstände der Verwaltung des Testamentsvollstreckers unterliegen, vgl. § 2208 I 2.

Zur Verwaltungsbefugnis gehört neben dem Recht, den Nachlaß in Besitz zu nehmen, vor allem die *Verfügungsbefugnis* über Nachlaßgegenstände, § 2205 S. 2. Sie ist grundsätzlich unbeschränkt. Unentgeltliche Verfügungen kann der Testamentsvollstrecker jedoch generell nicht vornehmen, § 2205 S. 3. Der Erblasser kann die Verfügungsbefugnis weitergehend einschränken, § 2208 I 1.

F_{14} Erblasser E hat im Testament angeordnet, daß der Testamentsvollstrecker T den Nachlaß so lange verwalten soll, bis die jetzt 17-jährige Erbin A 25 Jahre alt geworden ist. Der Schmuck seiner verstorbenen Ehefrau dürfe aber auf keinen Fall für die Begleichung der Nachlaßverbindlichkeiten verwertet werden, sondern sei sofort der A auszuhändigen. T übereignet als Testamentsvollstrecker den Schmuck kurze Zeit nach dem Erbfall gegen Entgelt an K. Ist K Eigentümer geworden?

A_{14} Nein. Die Verfügungsbefugnis des Testamentsvollstreckers erstreckte sich nicht auf den Schmuck, da dieser nach dem Willen des Erblassers sogleich der A ausgehändigt werden sollte, § 2208 I 1.
(Sollten Sie an die Möglichkeit eines gutgläubigen Erwerbs nach § 932 gedacht haben, so haben Sie übersehen, daß T nicht als Eigentümer, sondern als Testamentsvollstrecker handelte; den guten Glauben an die Verfügungsbefugnis schützt § 932 nicht.)

I_{15} *Im Rahmen ordnungsmäßiger Verwaltung* kann der Testamentsvollstrecker auch *Verbindlichkeiten* für den Nachlaß eingehen, § 2206 I 1 (für die der Erbe gemäß § 1967 I haftet).
Der Erblasser kann jedoch anordnen, daß der Testamentsvollstrecker bei der Eingehung von Verbindlichkeiten keiner Beschränkung unterliegen soll, § 2207 S. 1. (Ausgenommen sind jedoch Schenkungsversprechen, § 2207 S. 2.) Bei der Verwaltungsvollstreckung wird vermutet, daß der Erblasser die Befreiung gemäß § 2207 S. 1 erteilt hat, § 2209 S. 2.

Da die ***Verfügungsbefugnis*** des Testamentsvollstreckers nicht an die Grenzen ordnungsmäßiger Verwaltung gebunden ist, bestünde, falls Befreiung nach § 2207 S. 1 nicht erteilt ist, die Gefahr, daß wirksame Verfügungen ***mangels gültigen Kausalgeschäftes*** rückabgewickelt werden müßten. Daher räumt § 2206 I 2 dem Testamentsvollstrecker die Befugnis ein, ***Verpflichtungen*** auch zu ***solchen Verfügungen*** einzugehen, die zwar nicht im Rahmen ordnungsmäßiger Verwaltung liegen, zu denen er aber ***verfügungsbefugt*** ist (Deckungsgleichheit von Verpflichtungs- und Verfügungsmacht).

F_{15} Testamentsvollstrecker T erteilt dem Dachdecker D den Auftrag, das beim Sturm beschädigte Ziegeldach des zum Nachlaß gehörenden Hauses ganz abzudecken und mit Sandsteinplatten, die ein Mehrfaches eines gewöhnlichen Ziegeldaches kosten, neu einzudecken. D hat Zweifel, ob T den Vertrag mit Wirkung für den Nachlaß abschließen kann. Wie ist die Rechtslage, wenn T

a) Auseinandersetzungsvollstrecker,

b) Verwaltungsvollstrecker ist?

A_{15} a) Der Auseinandersetzungsvollstrecker kann Nachlaßverbindlichkeiten nur im Rahmen ordnungsmäßiger Verwaltung eingehen, § 2206 I 1. Dazu gehört dieser Werkvertrag nicht.

b) Der Verwaltungsvollstrecker ist im Zweifel in der Eingehung von Verpflichtungen für den Nachlaß nicht beschränkt, §§ 2209 S. 2, 2207 S. 1. Da hier der Erblasser nichts Gegenteiliges angeordnet hat, kann T den Werkvertrag wirksam abschließen.

I_{16} In analoger Anwendung des § 181 sind *Insichgeschäfte* des Testamentsvollstreckers grundsätzlich unwirksam. Etwas anderes gilt nur, wenn sie vom Erblasser gestattet sind und nicht gegen die Grundsätze ordnungsmäßiger Verwaltung verstoßen.

Schließt der Testamentsvollstrecker mit Dritten Verpflichtungs- und Verfügungsgeschäfte ab, die über den Rahmen der ordnungsmäßigen Verwaltung (zu der er gemäß § 2216 I im Innenverhältnis verpflichtet ist) hinausgehen, und kannte der Dritte diesen *Mißbrauch* oder hätte er ihn erkennen müssen, so kann er sich nach Treu und Glauben nicht auf die formale Einhaltung der Verpflichtungs- bzw. Verfügungsmacht durch den Testamentsvollstrecker berufen (Parallele zu den zum Mißbrauch der Vertretungsmacht entwickelten Grundsätzen).

F_{16} Fuhrunternehmer E hat A und B zu seinen Erben eingesetzt. T ist bis zur Volljährigkeit des B als Verwaltungsvollstrecker eingesetzt. Kann T den einzigen intakten Lkw zu angemessenem Preis

a) an sich selbst,

b) an den Miterben A verkaufen?

A16 a) Nein. Zwar ist T nach §§ 2209 S. 2, 2207 S. 1 an sich zu jedem Verpflichtungsgeschäft befugt. Hier handelt es sich aber um ein Insichgeschäft, das entsprechend § 181 unwirksam ist.

b) Nein. Obwohl T seine Verpflichtungsbefugnis formal nicht überschreiten würde, verstieße das Geschäft, dem A erkennbar, gegen die Pflicht des T zur ordnungsmäßigen Verwaltung (§ 2216 I). Daher ist nach Treu und Glauben die Verpflichtungsbefugnis des T für das Geschäft zu verneinen.

I17 Dem *Erben* ist die Verfügungsbefugnis über einen vom Testamentsvollstrekker verwalteten Nachlaßgegenstand entzogen, § 2211 I. Trotzdem getroffene Verfügungen des Erben sind schwebend unwirksam; der Mangel kann durch Genehmigung des Testamentsvollstreckers rückwirkend geheilt werden, § 185 II 1, 1. Alternative. Fällt die Testamentsvollstreckung weg, so wird mit diesem Zeitpunkt die Verfügung wirksam, analog § 185 II 1, 2. Alternative.

Wer vom Erben gutgläubig erwirbt, wird durch § 2211 II geschützt. Der gute Glaube kann sich darauf beziehen, daß die Sache nicht zum Nachlaß, sondern zum eigenen Vermögen des Erben gehört oder daß überhaupt keine Testamentsvollstreckung besteht oder daß der Gegenstand nicht der Verwaltungsbefugnis des Testamentsvollstreckers unterliegt.

Rechte, die der Verwaltung des Testamentsvollstreckers unterliegen, kann nur dieser, nicht aber der Erbe einklagen, § 2212.
Nachlaßgläubiger können ihre Rechte stets durch Klage gegen den Erben, regelmäßig aber auch durch Klage gegen den Testamentsvollstrecker geltend machen, § 2213 I 1. Gläubiger des Erben, die nicht Nachlaßgläubiger sind (sog. Eigengläubiger), können nicht in die der Verwaltung des Testamentsvollstreckers unterliegenden Gegenstände vollstrecken, § 2214.

F17 E hat seine Tochter T testamentarisch zur Alleinerbin eingesetzt. Die T, die nach dem Erbfall im Hause des E wohnen bleibt, veräußert ohne Wissen des Testamentsvollstreckers V einen zur Wohnungseinrichtung gehörenden Barockschrank an G. G weiß nicht, daß Testamentsvollstreckung angeordnet ist. Erwirbt er Eigentum?

A_{17} Ja. Gemäß § 2211 II ist § 932 entsprechend anwendbar.

I_{18} Das *Innenverhältnis* zwischen Testamentsvollstrecker und Erbe wird durch §§ 2215–2221 geregelt:

Der Testamentsvollstrecker ist zur ordnungsmäßigen Verwaltung verpflichtet, § 2216 I. Bei schuldhafter Verletzung dieser Verpflichtung ist er gemäß § 2219 I zum Schadensersatz verpflichtet. Von beiden Verpflichtungen kann der Erblasser den Testamentsvollstrecker nicht befreien, § 2220.

Ergänzt wird der Schutz des Erben durch § 2227; er kann bei wichtigem Grund, u. a. grober Pflichtverletzung, beim Nachlaßgericht die Entlassung des Testamentsvollstreckers beantragen.

Der Testamentsvollstrecker hat gegen den Erben einen Anspruch auf angemessene Vergütung seiner Tätigkeit (§ 2221) und Aufwendungsersatz (§§ 2218 I, 670).

F_{18} Bei einer Pferdeauktion verkauft Testamentsvollstrecker T aus dem Nachlaß die wertvolle Stute Deflorata. Wegen Nachlässigkeit des T liegt der Kaufpreis unter Wert, was dem Käufer, Herrenreiter H, mangels Erfahrung im Umgang mit Pferden aber nicht auffällt.

a) Hat T eine Nachlaßverbindlichkeit begründet?

b) Welche Ansprüche hat der Erbe E gegen T?

A_{18} a) Ja. Es handelt sich um eine Verpflichtung zu einer Verfügung, zu der T berechtigt ist, § 2206 I 2. Der Verstoß gegen die Grundsätze ordnungsmäßiger Verwaltung berührt die Wirksamkeit der Verpflichtung nicht, da er dem Geschäftspartner H nicht erkennbar war.

b) E hat Anspruch auf Ersatz des Schadens, der durch die fahrlässige Verletzung der Pflicht zur ordnungsmäßigen Verwaltung (§ 2216 I) entstanden ist, § 2219 I.

Kapitel VI

ERRICHTUNG UND AUFHEBUNG VON TESTAMENTEN

I_1 *Testierfähigkeit*, d. h. die Fähigkeit, ein Testament zu errichten, zu ändern oder aufzuheben, besitzt, wer das 16. Lebensjahr vollendet hat, § 2229 I. Eine jüngere Person ist testierunfähig. Für sie kann auch nicht ihr gesetzlicher Vertreter testieren, vgl. § 2064. Ein Minderjähriger, der testierfähig ist, bedarf nicht der Zustimmung seines gesetzlichen Vertreters, § 2229 II (Parallele zu § 2065 I).

Die Vorschriften des Allgemeinen Teils des BGB über die Geschäftsfähigkeit (§§ 104ff.) werden also durch § 2229 modifiziert.

F_1 Die frühreife 15-jährige A und der 17-jährige B wollen aus Liebeskummer gemeinsam aus dem Leben scheiden. Vorher wollen sie ihre jeweilige Habe ihren besten Freunden vermachen.

a) Sind A und B überhaupt testierfähig? Bedürfen sie zur Errichtung eines Testaments gegebenenfalls einer Einwilligung ihrer Eltern?

b) Könnte die A ihre Eltern veranlassen, für sie ein gültiges Testament zu errichten?

A_1 a) Die A ist nicht testierfähig; der B kann dagegen ein Testament errichten, und zwar ohne Zustimmung seiner Eltern (§ 2229 I und II).

b) Nein, § 2064.

I_2 Entmündigte sind *testierunfähig*, § 2229 III 1, und zwar unabhängig davon, ob sie wegen Geisteskrankheit entmündigt und damit geschäftsunfähig oder wegen Geistesschwäche, Trunksucht oder Verschwendungssucht entmündigt und damit beschränkt geschäftsfähig sind. Die Testierunfähigkeit tritt bereits mit der Stellung des Entmündigungsantrags ein, sofern der Antrag erfolgreich ist, § 2229 III 2; umgekehrt gilt, daß bei Aufhebung der Entmündigung die Testierfähigkeit bereits mit dem Aufhebungsantrag wiederauflebt, § 2230 II.

Auch wer nicht entmündigt ist, ist testierunfähig, sofern er wegen krankhafter Störung der Geistestätigkeit, wegen Geistesschwäche oder wegen Bewußtseinsstörung die Bedeutung der von ihm getroffenen Verfügung nicht einsehen oder nicht nach dieser Einsicht handeln kann, § 2229 IV. Hierbei kommt es – wie bei § 105 II – nur auf den Zustand des Testierenden im Augenblick der Erklärung an; in „lichten Augenblicken" (lucida intervalla) errichtete Verfügungen sind daher wirksam.

F_2 Der 75-jährige E hat ein Testament errichtet. Ist das Testament gültig, wenn

a) E schon vorher wegen Geistesschwäche entmündigt worden war, aber nachweislich am Tag der Testamentserrichtung geistesklar war?

b) E seit Jahren an hochgradiger Geistesschwäche litt, seine Angehörigen aber von der Stellung eines Entmündigungsantrags abgesehen hatten, und E bei Testamentserrichtung geistesklar war?

c) die Frau des E (lesen Sie § 646 I 1 ZPO) vor Testamentserrichtung bereits einen Antrag auf Entmündigung des E gestellt hatte und E später entmündigt worden ist?

A_2 a) Nein. Wenn der Erblasser entmündigt war, kommt es auf die konkrete Einsichts- und Handlungsfähigkeit nicht an, § 2229 III 1.

b) Ja, Umkehrschluß aus § 2229 IV.

c) Nein, es gilt nach § 2229 III 2 die gleiche Rechtslage wie im Fall a), d. h. das Testament ist ungültig, da die Entmündigung auf den Zeitpunkt der Antragstellung zurückwirkt.

I_3 Das BGB kennt zwei Grundformen der Testamentserrichtung, das *ordentliche Testament* und das (allerdings seltene) *Nottestament* (oder außerordentliche Testament).

Das ordentliche Testament kann als *öffentliches* Testament vor einem Notar oder als *eigenhändiges* Testament (sog. *Privattestament*) errichtet werden, § 2231.
Beide Formen der Errichtung des ordentlichen Testaments besitzen gleiche Wirksamkeit und können beliebig gewählt werden. Eine Ausnahme gilt nur für Minderjährige und Leseunkundige: Sie können nur ein öffentliches Testament errichten, § 2247 IV.

F_3 In welcher Form kann der in F_1 genannte B ein Testament errichten?

A_3 B kann kein eigenhändiges, wohl aber ein öffentliches Testament errichten.

I_4 Das *öffentliche* Testament wird vor einem Notar errichtet. Bis zum 31. 12. 1969 konnte es auch vor einem Richter errichtet werden. Das Beurkundungsgesetz (Schönfelder Nr. 23) hat von diesem Zeitpunkt an den Gerichten die Aufgabe der Beurkundung generell entzogen.

Die Form der Errichtung des öffentlichen Testaments ist in §§ 2232, 2233 und im Beurkundungsgesetz geregelt.
Nach § 2232 kann das öffentliche Testament in zweifacher Form errichtet werden: Der Erblasser erklärt dem Notar *mündlich* seinen Willen oder er übergibt ihm eine (offene oder verschlossene) *Schrift* mit der Erklärung, daß diese seinen letzten Willen enthalte.
In allen Fällen muß der Notar eine Niederschrift aufnehmen, deren notwendiger Inhalt sich aus §§ 9 und 30 BeurkG ergibt. Die Niederschrift muß nach § 13 I 1 und III BeurkG dem Erblasser vorgelesen, von ihm genehmigt sowie von ihm und dem Notar unterschrieben werden.

Minderjährige können nicht durch Übergabe einer *verschlossenen* Schrift testieren (§ 2233 I), weil sie im besonderen Maße der Beratung durch den Notar (vgl. § 17 BeurkG) bedürfen.

Wird das Testament durch Übergabe einer Schrift errichtet, so ist es unerheblich, von wem und wie es geschrieben ist, § 2232 S. 2, 2. Halbsatz.

F_4 Der bettlägerige E hat den Notar N zu sich rufen lassen und ihn um Vorschläge für sein Testament gebeten. N macht einen schriftlichen Entwurf und liest ihn dem E vor. E sagt: „So soll es sein." In seinem Büro fertigt N eine Niederschrift über den Vorgang an und unterschreibt sie. Liegt ein gültiges Testament vor?

A_4 Nein. Es kommt nur die Errichtung eines öffentlichen Testaments, und zwar durch mündliche Erklärung vor dem Notar, in Betracht. Der schriftliche Entwurf des N ist keine Niederschrift im Sinne des § 9 BeurkG, und die später angefertigte Niederschrift ist nicht, wie § 13 I 1 BeurkG verlangt, dem Erblasser vorgelesen, von ihm genehmigt und unterschrieben worden.

I_5 Zur Errichtung eines *Privattestaments* ist erforderlich, daß der Erblasser die Verfügung im ganzen Umfang handschriftlich abfaßt und unterschreibt, § 2247 I.

Die Verfügung kann auch Teil eines Briefes oder anderen Schriftstückes sein. Gleichgültig ist, auf welches Material und mit welchem Schreibwerkzeug geschrieben wird.

F_5 Sind die folgenden Privattestamente gültig?

a) A. Meier kann schlecht schreiben. Er läßt sich von seinem Sohn S maschinenschriftlich ein Testament vorschreiben, das ausdrücklich als solches bezeichnet ist und in dem S als Erbe eingesetzt ist. Meier schreibt handschriftlich hinzu: „Das Vorstehende entspricht meinem letzten Willen. A. Meier."

b) E schreibt eigenhändig ein Testament, nimmt aber der besseren Lesbarkeit halber als Unterschrift seinen Stempel.

c) A. Meier erleidet im Wirtshaus einen Herzanfall. Er bittet den Wirt um einen Bleistift und schreibt auf einen Bierdeckel: „Mein Sohn Max soll alles erben. A. Meier." Darauf stirbt er.

A_5 a) Nein. Die Verfügung selbst muß ganz von dem Erblasser geschrieben sein; der Verweis auf bereits von anderen Geschriebenes genügt also nicht.

b) Nein. Es fehlt die Unterschrift in eigener Handschrift des E.

c) Ja.

I_6 Sinn des Erfordernisses der *Eigenhändigkeit* der Schrift und der Unterschrift ist es, daß der gesamte Inhalt als vom Willen des Erblassers abgedeckt erscheint.
Zulässig ist es, daß der Erblasser sich beim Schreiben durch Dritte unterstützen läßt (Schreibhilfe), sofern nur seine Hand nicht maßgeblich vom Dritten geführt wird. (Die Abgrenzung bereitet im Einzelfall Schwierigkeiten.) Ob das Schriftbild sich durch die Unterstützung verändert, ist unerheblich.

B a) E kann infolge Vergreisung nur schwer schreiben. Seine Haushälterin H hat ihn seit Jahren bedrängt, sie als Erbin einzusetzen. Endlich entschließt sich E, dem Drängen der H zu entsprechen.
H stützt dabei seine Hand. Die Schrift fällt aber viel klarer aus als sonst und bekommt einen anderen Charakter.

b) Die H redet solange auf E ein, bis dieser seinen Widerstand aufgibt. Darauf drückt H dem E einen Stift in die Hand, ergreift diese und führt die Hand des E so, daß in ihrer Schrift das Testament geschrieben wird. Die Unterschrift läßt sie von E allein schreiben.

Im Fall a) ist die Eigenhändigkeit gewahrt, im Fall b) nicht.

I_7 Das Testament *soll* auch die Angabe von *Ort* und *Zeit* der Errichtung enthalten, § 2247 II. Es *soll* mit *Vor- und Familiennamen* des Erblassers unterschrieben sein, § 2247 III 1.

Die Nichteinhaltung dieser Vorschriften schadet nur dann, wenn sich aus ihr Zweifel an der Urheberschaft oder Gültigkeit des Testamentes ergeben, § 2247 III2 und V.

B Im Nachlaß des drei Monate vor seinem Tode entmündigten E findet sich ein undatiertes eigenhändiges Testament. Es ist nur gültig, wenn sich auf andere Weise nachweisen läßt, daß es vor Stellung des Entmündigungsantrages (vgl. § 2229 III2) abgefaßt ist.

Die *Selbstbenennung am Anfang* des Testamentes ist nach h. M. *keine* gültige Unterschrift.

B A. Meier testiert: „Ich, A. Meier, bestimme hiermit als Testament: Meine Söhne A und B sollen meine Erben sein." Es fehlt eine Unterschrift am Ende des Schreibens.

Streitig ist, wann *nachträgliche Zusätze* eine neue Unterschrift erfordern. Allgemein verläßliche Abgrenzungskriterien gibt es nicht. RGZ 71, 293 (302 f.) stellte in plausibler Weise darauf ab, ob es sich um bloße Berichtigungen und Erläuterungen oder aber um neue Verfügungen handelt. Erstere sollen ohne neue Unterschrift gültig sein.

F_7 Sind die folgenden Testamente gültig?

a) „Meine Nichten Renate und Karin sollen alles erben. Eure Tante Beate."

b) E schreibt einen Brief an seine Söhne. Darin stehen zunächst Urlaubsgrüße. Später heißt es: „Ich will, daß Ihr im Falle meines Todes meine Erben seid. Euer Vater."

c) Nach dem Tode von A. Meier findet sich die folgende, voll von ihm geschriebene Verfügung: „München, den 10. 6. 65. Meine Frau soll alles erben. A. Meier.
Augsburg, den 11. 8. 67. Meine Schwester soll 10.000,– DM als Vermächtnis erhalten."

A$_7$ a) Ja. Der Erblasser ist mit der Unterschrift „Eure Tante Beate" ausreichend feststellbar, § 2247 III 2. Das Erfordernis des Vor- und Zunamens ist nur eine Sollvorschrift.

b) Ja. Ein Testament kann Bestandteil eines Briefes sein. Vgl. im übrigen die Antwort a).

c) Ja in bezug auf die Erbeinsetzung, denn sie genügt allen Formvorschriften. Beim Vermächtnis fehlt jedoch die erneute eigene Unterschrift. Diese ist erforderlich, weil es sich um eine neue Verfügung und nicht um eine bloße Berichtigung oder Erläuterung handelt.

I$_8$ Die Errichtung eines *Nottestaments* läßt das Gesetz nur in drei außergewöhnlichen Situationen zu: Bürgermeistertestament, § 2249, Dreizeugentestament, § 2250, und Seetestament, § 2251. In allen drei Fällen gewährt das Gesetz Formerleichterungen, weil der Erblasser vor seinem Tode voraussichtlich ein ordentliches öffentliches Testament, also ein Testament vor dem Notar, nicht mehr errichten kann.

(Lesen Sie §§ 2249 I 1, 2250 I und II und 2251.)

Während die ordentlichen Testamente so lange gelten, bis sie aufgehoben werden, gelten Nottestamente als nicht errichtet, wenn seit der Errichtung des Nottestaments drei Monate verstrichen sind und der Erblasser noch lebt, § 2252 I.

B A befindet sich im Juni 1971 an Bord eines deutschen Schiffes auf einer Kreuzfahrt, als das Schiff in einen Sturm gerät. Er macht ein gültiges Testament gemäß § 2251. Im Dezember 1971 stirbt A bei einem Verkehrsunfall, ohne noch ein neues Testament errichtet zu haben. Das Testament vom Juni 1971 verliert als Nottestament nach Ablauf von drei Monaten von selbst jede Wirkung, auch die des Widerrufs eines früheren Testaments, § 2252 I. Hatte A bereits zuvor ein anderes gültiges Testament errichtet, so gilt dieses; andernfalls tritt gesetzliche Erbfolge ein.

I$_9$ Da das Testament den *letzten* Willen des Erblassers darstellen soll, kann er es stets *widerrufen*; der Widerruf kann sich auf eine einzelne im Testament enthaltene Verfügung beschränken, § 2253 I.

Der Widerruf kann grundlos erfolgen; das Widerrufsrecht kann nicht vertraglich ausgeschlossen werden, § 2302.

Die Fähigkeit zum Widerruf richtet sich nach der Testierfähigkeit, mit einer Ausnahme: Ein wegen Geistesschwäche (nicht: wegen Geisteskrankheit), Verschwendung oder Trunksucht Entmündigter kann ein *vor* der Entmündigung errichtetes Testament widerrufen, § 2253 II.

F$_9$ E setzt in seinem Testament den A zum Erben ein. Später widerruft er das Testament. Nach dem Erbfall behauptet A, testamentarischer Erbe zu sein, weil der Widerruf erstens völlig grundlos gewesen sei, zweitens gegen die feste Zusicherung des E, ihn – den A – zum Erben zu machen, verstoße und drittens E z. Z. des Widerrufs wegen Geistesschwäche entmündigt gewesen sei. Ist die Ansicht des A zutreffend?

A_9 Nein. Die Ausübung des Widerrufsrechts setzt weder eine Begründung noch das Vorliegen eines Grundes voraus. Das Widerrufsrecht kann nicht vertraglich ausgeschlossen werden (§ 2302) und geht auch nicht durch eine Entmündigung wegen Geistesschwäche verloren (§ 2253 II).

I_{10} Der Widerruf ist in mehreren Formen möglich. Er kann durch ein *Testament* erfolgen, das die *Aufhebung des früheren Testaments* zum Inhalt hat, § 2254. Die Formvorschriften für die Testamentserrichtung gelten auch für das Widerrufstestament.

B E hatte testiert: „S soll alles erben. Bielefeld, den 31. 5. 69. E." Nach zwei Jahren testiert er neu: „Ich hebe hiermit mein Testament vom 31. 5. 69 auf. Bielefeld, den 28. 2. 71. E."

Auch wenn das neue Testament das ältere *nicht ausdrücklich* widerruft, hebt es das ältere insoweit auf, als es mit ihm im Widerspruch steht, § 2258 I.

B E hatte 1965 testiert: „S soll mein Erbe sein. T soll den Familienschmuck erhalten. E." 1966 errichtete er ein neues Testament: „U soll den Familienschmuck erhalten. E."
Die Erbeinsetzung des S wird durch dieses neue Testament nicht berührt, das Vermächtnis zugunsten der T wird hingegen aufgehoben.

I_{11} Neben dem Widerruf in Testamentsform gibt es noch den *Widerruf durch konkludentes Handeln.* Ein Testament kann dadurch widerrufen werden, daß der Erblasser die Testamentsurkunde durch Zerreißen, Verbrennen oder sonstwie vernichtet oder an ihr Veränderungen vornimmt, aus denen auf seinen Aufhebungswillen geschlossen werden kann, § 2255 S. 1.

B
E streicht den Text des Testamentes durch;
E schreibt quer über den Text: „überholt";
E läßt das Testament durch seine Frau zerreißen.

Wichtig ist, daß in diesen Fällen das Testament nur dann widerrufen ist, wenn zu dem objektiven Merkmal der Vernichtung oder Veränderung durch den Erblasser als subjektives Moment die Aufhebungsabsicht des Erblassers hinzukommt. Diese wird aber – widerleglich – vermutet, § 2255 S. 2.

F_{11} E hatte ein gültiges Testament gemacht, in dem er anstelle seiner Kinder seine Nichte N als Erbin eingesetzt hat. Nach dem Tode des E findet man das Testament zerrissen im Papierkorb. In dem späteren Prozeß läßt sich nicht nachweisen, ob E selbst das Papier in Widerrufsabsicht zerrissen hat, oder ob dies eines der Kinder getan hat, weil es gegen die Erbeinsetzung der N war. Kann das Gericht sich auf die gesetzliche Vermutung des § 2255 S. 2 stützen?

A_{11} Nein. Die Vermutung des § 2255 S. 2 setzt voraus, daß E selbst gehandelt hat. Nur die Widerrufsabsicht des Erblassers, nicht aber das Handeln des Erblassers wird vermutet. Hier ist es aber gerade zweifelhaft, ob E oder ein Dritter gehandelt hat.

I_{12} Ein vor einem Notar (und ein vor 1970 vor einem Richter) errichtetes Testament (= öffentliches Testament) kann auch dadurch widerrufen werden, daß der Erblasser sich persönlich das Testament *aus der amtlichen Verwahrung zurückgeben läßt,* § 2256 I 1. Ob der Erblasser Widerrufsabsicht hat, ist nicht entscheidend; erforderlich ist nur, daß er die Rückgabe aus der Verwahrung will. Diese kann er jederzeit verlangen, § 2256 II 1.

F_{12} Witwer E, Vater von drei Kindern, hat in einem gültigen notariellen Testament seinen Bruder B als Alleinerben eingesetzt. Wer wird Erbe, wenn

a) der Notar dem E das Testament versehentlich mit anderen Papieren mitgegeben hatte?

b) E, der vom Notar nicht nach § 2256 I 2 belehrt worden war, sich das Testament hatte aushändigen lassen, um es kurz einzusehen und am nächsten Tage wieder zurückzubringen, woran ihn jedoch sein unerwarteter Tod hinderte?

A_{12} a) B bleibt Alleinerbe. Ein Widerruf liegt nur vor, wenn der Erblasser das öffentliche Testament ausgehändigt haben *wollte*. Das ist bei versehentlicher Mitnahme nicht der Fall.

b) Die Kinder erben zu gleichen Teilen, § 1924 IV. E hatte, da er das Testament am nächsten Tag zurückbringen wollte, offensichtlich keinen Widerrufswillen. Da das Testament ihm aber auf sein Verlangen ausgehändigt worden war, gilt es zwingend als widerrufen, § 2256 I 1. Daher tritt gesetzliche Erbfolge ein.

I_{13} Das *Widerrufstestament* kann wie jedes andere Testament widerrufen werden. Dagegen kann der Widerruf eines Testaments, der durch *konkludentes Handeln* (§§ 2255, 2256) erfolgt ist, nicht widerrufen werden. Hier muß der Erblasser ein neues Testament errichten. Versäumt er dies, so kommt eine Anfechtung des Widerrufs nach §§ 2078 ff. in Betracht, denn Anfechtung ist auch beim Widerruf durch konkludentes Handeln möglich.

Beim Widerruf des Widerrufs fragt es sich, ob der Erblasser die ursprüngliche Verfügung wieder in Kraft treten lassen möchte oder nicht. Es gilt die Auslegungsregel, daß im Zweifel die ursprüngliche Verfügung wieder wirksam werden soll, §§ 2257, 2258 II.

F_{13} E testiert 1965: „A ist Alleinerbe. E.“ 1966 testiert er: „B soll Erbe zu 1/2 sein. E.“ 1967 testiert er: „C ist Alleinerbe. E.“ 1968 widerruft er formgültig das Testament von 1967. Es ist nicht klar erkennbar, was E mit diesem Widerruf wollte. Wer wird Erbe:

a) nur A,

b) C,

c) A und B zur Hälfte,

d) B und die gesetzlichen Erben des E je zur Hälfte?

A_{13} Antwort c) ist richtig. Nach § 2258 I wurde das erste Testament zugunsten des A durch das zweite Testament insoweit aufgehoben, als es mit der Erbeinsetzung des B unvereinbar war. Nach dem Stande von 1966 waren also A und B je zur Hälfte zu Erben eingesetzt. Aufgrund des dritten Testamentes sollte dann C Alleinerbe werden. Die beiden früheren Testamente waren also gemäß § 2258 I aufgehoben. Nach dem Widerruf des dritten Testamentes gilt im Zweifel die Rechtslage, die vor Errichtung des dritten Testamentes bestand, § 2258 II. A und B sind also Erben je zur Hälfte.

I_{14} Um Klarheit über die Rechtslage nach dem Erbfall zu erreichen, insbesondere um eine Unterdrückung von Testamenten zu verhindern, ist jeder, der ein Testament in Besitz hat (auch der Notar), verpflichtet, dieses dem Nachlaßgericht *abzuliefern*, sobald er vom Tod des Erblassers erfährt, § 2259. Für die Ablieferungspflicht kommt es nicht darauf an, ob das Testament wirksam ist, da gerade diese Frage vom Nachlaßgericht beurteilt werden soll.

Das Testament wird den gesetzlichen Erben und allen sonst Beteiligten vom Nachlaßgericht in einem förmlichen Verfahren (*Testamentseröffnung*) bekanntgemacht, § 2260 I und II. Beteiligten, die bei der Testamentseröffnung nicht zugegen waren, ist der sie betreffende Inhalt des Testaments mitzuteilen, § 2262.

Über Inhalt und Wirksamkeit des Testaments wird im Eröffnungsverfahren nicht entschieden.

F_{14} Der verwitwete E hinterläßt bei seinem Tod drei Kinder A, B und C. Im Besitz des A, bei dem E in den letzten Jahren gelebt hatte, finden sich zwei Schreiben folgenden Wortlauts:

1. „Mein Sohn A soll Alleinerbe sein, da er mich bei sich aufgenommen hat. Berlin, den 1. 3. 1965. E."
2. „Da A mich in ein Altersheim abgeschoben hat, widerrufe ich mein Testament. Berlin, den 6. 11. 1970." (Unterschrift fehlt.)

a) Muß A nur das letzte, nur das erste oder beide Schreiben abliefern?

b) Warum ist der Inhalt des Schreibens vom 6. 11. 1970 für B und C von erbrechtlichem Interesse, und zwar auch dann, wenn es sich um kein gültiges Testament handeln sollte?

A_{14} a) Beide Schreiben sind abzuliefern. Für das erste Testament folgt das unmittelbar aus § 2259 I. – Das zweite Testament ist zwar offensichtlich ungültig, weil die Unterschrift fehlt, § 2247 I. Nach dem Zweck des § 2259 ist unter „Testament" aber jede Urkunde zu verstehen, die testamentarischen Charakter hat – unabhängig davon, ob sie gültig ist. Auch das zweite Schreiben ist daher abzuliefern.

b) Aus dem unwirksamen Testament vom 6. 11. 1970 ist zu entnehmen, daß E in der irrigen Erwartung, A werde ihn bei sich behalten, das Testament vom 1. 3. 65 errichtet hatte. B und C steht daher ein Anfechtungsrecht nach § 2078 II zu. Nach der Anfechtung sind A, B und C Erben zu je einem Drittel, § 1924 I, IV.

Kapitel VII

ERBVERTRAG, GEMEINSCHAFTLICHES TESTAMENT, ERBVERZICHT

I_1 Statt durch Testament kann der Erblasser Verfügungen von Todes wegen auch durch *Erbvertrag* treffen, § 1941 I. Ein Erbvertrag wird geschlossen, wenn eine *Bindung* des Erblassers an seine Verfügungen erreicht werden soll.

Die von der Bindungswirkung erfaßten Anordnungen nennt das Gesetz „*vertragsmäßige Verfügungen*", § 2278 I. Vertragsmäßig können nur Erbeinsetzungen, Vermächtnisse und Auflagen getroffen werden, § 2278 II. Verfügungen anderen Inhalts können im Erbvertrag enthalten sein, haben aber keine Bindungswirkung. Das Gesetz nennt solche Verfügungen „*einseitig*", § 2299 I. Sie haben die Wirkung testamentarischer Verfügungen, § 2299 II.

Verfügungen, die ihrem Inhalt nach vertragsmäßig getroffen werden können, also Erbeinsetzungen, Vermächtnisse und Auflagen, müssen aber nicht in jedem Fall vertragsmäßig sein. Es ist als zweite Voraussetzung noch zu prüfen, ob der Erblasser an seine Verfügung gebunden sein wollte. Dies ist durch Auslegung zu ermitteln, die nicht nach den Regeln der Testamentsauslegung, sondern anch den Grundsätzen der Auslegung von Rechtsgeschäften unter Lebenden erfolgt.

Durch vertragsmäßige Verfügungen kann sowohl der Vertragspartner als auch ein Dritter bedacht werden, § 1941 II.

F_1 In einem Erbvertrag mit seinem Freund F schließt der Erblasser E seinen Sohn S aus Verärgerung von der gesetzlichen Erbfolge aus und vermacht dem F, der ihm in schwierigen Zeiten beim Aufbau einer neuen Existenz geholfen hatte, eines seiner Häuser. Später versöhnt sich E mit S.
Ist E

a) an den Ausschluß des S von der gesetzlichen Erbfolge,

b) an das Vermächtnis zugunsten des F gebunden?

A_1 a) Nein. Der Ausschluß von der gesetzlichen Erbfolge konnte nach § 2278 II im Erbvertrag nicht vertragsmäßig, sondern nur einseitig geschehen, § 2299 I. Er wirkt daher wie eine testamentarische Verfügung, § 2299 II, und hat keine Bindungswirkung, vgl. § 2253 I.

b) Ja. Das Vermächtnis gehört zu den Verfügungen, die vertragsmäßig getroffen werden können, § 2278 II. Daß E es hier vertragsmäßig, also mit Bindungswirkung gegenüber F, anordnen wollte, ergibt die vom Standpunkt eines objektiven Erklärungsempfängers aus vorzunehmende Auslegung, denn E wollte mit dem Vermächtnis eine Dankesschuld gegenüber F begleichen. Es sind also beide Voraussetzungen für die Vertragsmäßigkeit des Vermächtnisses erfüllt.

I_2 *Vertragsmäßige Verfügungen* binden rein erbrechtlich: Sie *beschränken die Testierfreiheit* des Erblassers. Sie heben nicht nur frühere letztwillige (also testamentarische) Verfügungen, soweit diese das Recht des vertragsmäßig Bedachten beeinträchtigen würden, auf (§ 2289 I 1), sondern machen in diesem Umfang auch alle späteren Verfügungen von Todes wegen (sowohl testamentarische als auch erbvertragliche) unwirksam (§ 2289 I 2).

Beeinträchtigende Verfügungen sind nicht nur diejenigen, welche dem Recht des vertragsmäßig Bedachten direkt widersprechen, sondern auch die, welche die ihm zugedachte Position belasten oder beschränken (z. B. Beschwerung des Vertragserben mit einem Vermächtnis oder Anordnung der Testamentsvollstreckung).

F_2 a) Der wankelmütige Erblasser E hat zwei Kinder, S und T. 1965 bestimmt er den S testamentarisch zum Alleinerben. 1968 schließt er mit der T einen Erbvertrag, in welchem er vertragsmäßig die T zur Alleinerbin einsetzt und K, dem Mann der T, seine wertvolle Briefmarkensammlung vermacht. Wer wird Erbe, wenn E 1970 stirbt?

b) Abwandlung: Der E errichtet 1969 ein zweites Testament, in welchem er seinen Neffen N zum Alleinerben einsetzt und das Vermächtnis zugunsten des K widerruft. Wer wird nun Erbe? Ist das Vermächtnis noch wirksam?

A_2 a) Die T wird Erbin. Die 1965 erfolgte testamentarische Einsetzung des S würde die 1968 erfolgte vertragsmäßige Einsetzung der T beeinträchtigen und wurde daher durch diese aufgehoben, § 2289 I 1.

b) Auch in diesem Fall wird die T Erbin, da die Einsetzung des N nach § 2289 I 2 unwirksam ist. – Das Vermächtnis war von E vertragsmäßig, d. h. mit Bindungswillen, errichtet, was sich daraus ergibt, daß K der Vertragspartnerin des E, der T, nahestand. Der Widerruf des Vermächtnisses beeinträchtigt das Recht des K und ist daher gemäß § 2289 I 2 unwirksam. K ist wirksam bedacht.

I_3 Trotz der erbrechtlichen Bindung des Erblassers erhält der vertragsmäßig Bedachte vor dem Erbfall keine übertragbare oder vererbliche Rechtsposition. Stirbt der Bedachte vor dem Erbfall, so ist die Zuwendung an ihn gegenstandslos und steht der Wirksamkeit einer *nach* dem Erbvertrag getroffenen neuen Verfügung von Todes wegen nicht mehr entgegen. Dasselbe gilt, wenn der vertragsmäßig Bedachte die Zuwendung ausschlägt.

Eine *vor* dem Erbvertrag getroffene letztwillige Verfügung lebt jedoch nicht wieder auf, wenn die vertragsmäßige Verfügung durch Tod oder Ausschlagung des Bedachten gegenstandslos wird, denn zur Aufhebung einer früheren testamentarischen Verfügung genügt es (wie im Falle des § 2258 I), daß eine abweichende Verfügung gültig errichtet wird, auch wenn diese später wieder wirkungslos wird.

Insoweit unterscheidet sich also die Aufhebung nach § 2289 I 1 von der Unwirksamkeit nach § 2289 I 2.

F_3 Wie ist in den Fällen F_2 a) und b) die Erbfolge, wenn die T kinderlos schon 1969, also vor E, stirbt?

A_3 a) Die Einsetzung des S ist durch den Erbvertrag aufgehoben, § 2289 I 1. Die Einsetzung der T ist nach § 1923 I gegenstandslos. Ersatzerbschaft nach § 2069, der über § 2279 I auch bei Erbverträgen anwendbar ist, tritt nicht ein, da die T keine Kinder hatte. Daher gilt gesetzliche Erbfolge, aufgrund deren nach § 1924 der S (und gegebenenfalls neben ihm die Ehefrau des E nach § 1931) Erbe wird.

b) Der Einsetzung des N steht § 2289 I 2 nicht entgegen, da die vertragliche Einsetzung der T gemäß § 1923 I gegenstandslos geworden ist. N wird also testamentarischer Alleinerbe.

I_4 Da der Erbvertrag nur eine *erbrechtliche* Bindung herbeiführt, wird der Erblasser durch ihn nicht gehindert, über sein Vermögen durch *Rechtsgeschäfte unter Lebenden* (sog. Zweitgeschäfte) zu verfügen, § 2286. Die Wirkung der vertragsmäßigen Anordnungen erstreckt sich also nur auf das beim Erbfall noch vorhandene Vermögen. Auf dieses Vermögen hat der Bedachte vor dem Erbfall nur eine tatsächliche Aussicht. Er hat noch keinen gegenwärtigen oder künftigen Anspruch, der durch Vormerkung gesichert werden könnte.

Der Erblasser geht durch den Erbvertrag auch *keine schuldrechtliche Verpflichtung* ein. Läßt er sich, wie es häufig geschieht, von seinem Vertragspartner eine Leistung versprechen (*entgeltlicher Erbvertrag*), so entsteht nur ein *einseitiges* Schuldverhältnis, nicht aber ein gegenseitiger Vertrag im Sinne der § 320ff. Das würde nämlich schuldrechtliche Verpflichtungen *beider* Seiten voraussetzen.

F_4 Geschäftsinhaber E, der wegen seines Alters sein Geschäft nicht mehr führen kann, möchte, da er keinen Rentenanspruch hat, seinen Lebensabend finanziell sichern. Er findet einen Geschäftsnachfolger N, der aber nicht genügend Mittel für eine angemessene Abfindung bereitstellen kann. E schließt mit N einen Erbvertrag, in dem er N als Alleinerben einsetzt und seiner Tochter T ein Grundstück vermacht. In einem mit dem Erbvertrag verbundenen Vertrag verpflichtet sich N, an E bis zu dessen Tod monatlich 2.000,– DM zu zahlen.

a) Als N später seine Zahlungen einstellt, will E nach § 326 vorgehen und vom Vertrag zurücktreten. Ist dieser Weg rechtlich möglich?

b) E ist bereit, der T aufgrund des Erbvertrages eine Auflassungsvormerkung eintragen zu lassen. Ist diese Eintragung zulässig?

A_4 a) Nein. Zwar kann sich der Erblasser von seinem Vertragspartner eine Leistung versprechen lassen. Er selbst geht jedoch durch die vertragsmäßige Verfügung – hier Erbeinsetzung – keine schuldrechtliche Verpflichtung ein, so daß die §§ 320ff. nicht anwendbar sind.

b) Nein. Gemäß § 883 kann eine Vormerkung nur zur Sicherung eines schuldrechtlichen Anspruchs auf Übertragung, Aufhebung, inhaltliche Änderung oder Belastung eines dinglichen Rechts bestellt werden, und zwar auch, wenn der Anspruch künftig oder bedingt ist. Die T hat jedoch durch die vertragsmäßige Verfügung von Todes wegen keinen gegenwärtigen schuldrechtlichen Anspruch auf Übertragung des Grundstücks erlangt. Auch ein künftiger Anspruch besteht nicht, da die T wegen § 2286 keine rechtlich gesicherte, sondern nur eine tatsächliche Aussicht hat, das Grundstück einmal zu bekommen. (Erst nach dem Erbfall hat die T aus § 2147 i. V. m. § 2176 einen Anspruch gegen N, der durch Vormerkung gesichert werden kann.)

I_5 Die Freiheit des Erblassers zu Verfügungen unter Lebenden (§ 2286) birgt die Gefahr in sich, daß er durch *unentgeltliche* Veräußerung von Vermögenswerten den wirtschaftlichen Erfolg der erbvertraglichen Zuwendung ganz oder teilweise vereitelt.

Hiergegen gewährt § 2287 dem Vertragserben einen, allerdings beschränkten, Schutz: Hat der Erblasser in der Absicht, den Vertragserben zu beeinträchtigen, einem Dritten eine Schenkung gemacht, so kann der Vertragserbe vom Beschenkten die Herausgabe des Geschenks verlangen. Der Umfang der Haftung des Beschenkten richtet sich nach §§ 818ff.

Die bisherige Rechtsprechung nahm eine „Beeinträchtigungsabsicht" i. S. d. § 2287 I nur an, wenn der Wille, den Bedachten zu benachteiligen, leitender Beweggrund der Schenkung war. Diese enge Auslegung ließ den § 2287 praktisch leerlaufen; stattdessen suchte man den Schutz des Bedachten dadurch zu erreichen, daß man Schenkungen des Erblassers unter gewissen Voraussetzungen wegen *„Aushöhlung des Erbvertrages"* für nichtig gemäß §§ 134 oder 138 erklärte. Jetzt hat sich der BGH für eine weite Auslegung des § 2287 entschieden, wodurch die Hilfskonstruktion einer „Aushöhlungsnichtigkeit" überflüssig geworden ist: Beeinträchtigungsabsicht ist schon dann anzunehmen, wenn der Erblasser es ohne erkennbares lebzeitiges Eigeninteresse darauf anlegt, daß anstelle des Vertragserben ein anderer das wesentliche Vermögen des Erblassers ohne eine angemessene Gegenleistung erhält (BGH in NJW 1973, 240f.).

F_5 E hatte im Jahre 1959 seinen Bruder A durch Erbvertrag zum Erben eingesetzt. 1964 übertrug er sein gesamtes Vermögen einschließlich seines Grundbesitzes an C, den Sohn seines verstorbenen Bruders B, weil A kinderlos war und E seinen Besitz seiner Familie erhalten wollte. Nach dem Tod des E verlangt A von C den Grundbesitz des E heraus. Ist der Anspruch begründet?

A_5 Ja. A hat gegen C einen Anspruch auf Übereignung und Räumung der Grundstücke aus § 2287 I. Die unentgeltliche Übertragung der Grundstücke beeinträchtigte seine Stellung als Vertragserbe des E. Daß E sie in erster Linie vorgenommen hätte, um A zu benachteiligen, ist – wie auch der BGH jetzt anerkennt – keine Voraussetzung für den Anspruch aus § 2287 I; es genügt, daß E, ohne damit eigene lebzeitige Interessen zu verfolgen, sein Vermögen einem anderen als dem Vertragserben zukommen lassen wollte.

J_6 Macht der Erblasser einem Dritten eine *gemischte Schenkung*, so kann der Vertragserbe, wenn der unentgeltliche Charakter des Geschäfts überwiegt, vom Dritten die Herausgabe des Geschenks gegen Erstattung des von diesem dem Erblasser gezahlten Entgelts verlangen; überwiegt der entgeltliche Charakter, kann der Vertragserbe die Differenz zwischen dem Wert des geschenkten Gegenstandes und dem gezahlten Entgelt verlangen (BGH in NJW 1953, 501 f.).

Der *vertragliche Vermächtnisnehmer* erfährt gegen beeinträchtigende Handlungen des Erblassers einen umfassenderen Schutz. Die Einzelheiten, die Sie sich nicht einzuprägen brauchen, ergeben sich aus § 2288.

F_6 Was kann im Fall F_5 A von C verlangen, wenn E dem C seinen Grundbesitz im Wert von 800.000,– DM gegen eine Barzahlung von 250.000,– DM übertragen hat?

A_6 Auch in diesem Fall hat A gegen C einen Anspruch aus § 2287 I, da E dem C anstelle des A sein wesentliches Vermögen ohne angemessene Gegenleistung zukommen lassen wollte. Der Anspruch geht, da eine gemischte Schenkung vorliegt, bei der der unentgeltliche Charakter überwiegt, auf Übereignung und Räumung der Grundstücke gegen Erstattung von 250.000,– DM

I_7 Wie das Testament ist auch der Erbvertrag für den Erblasser ein *höchstpersönliches* Rechtsgeschäft, § 2274.

Während der Erblasser bei Errichtung des Testaments nicht voll geschäftsfähig, sondern nur testierfähig sein muß (vgl. Kap. VI, I_1), muß er beim Abschluß eines Erbvertrages *unbeschränkt geschäftsfähig* sein, § 2275 I; eine Ausnahme gilt nur bei einem Erbvertrag zwischen Ehegatten oder Verlobten (lesen Sie § 2275 II und III).
Die Anforderungen der §§ 2274, 2275 gelten nur für den Erblasser, nicht für seinen Vertragspartner.

F_7 Der Erblasser will seinen minderjährigen Neffen N vertragsmäßig als Alleinerben einsetzen.

a) Ist das möglich?

b) Bedarf N zum Abschluß des Erbvertrags der Zustimmung seiner Eltern? (Gegenleistungen soll N nicht erbringen.)

c) Kann sich N bei Vertragsabschluß von seinen Eltern vertreten lassen?

A_7 a) Ja. § 2275 I gilt nur für den Erblasser. N trifft keine eigene Verfügung von Todes wegen, sondern nimmt lediglich das Vertragsangebot an.

b) Nein, vgl. § 107. Die durch den Vertrag bewirkte Bindung des E an die Erbeinsetzung des N bringt für diesen lediglich einen rechtlichen Vorteil.
(Daß N als Erbe für die Nachlaßverbindlichkeiten haftet, ist keine spezifische Folge des Erbvertrages, sondern gälte auch bei testamentarischer Erbeinsetzung oder gesetzlicher Erbfolge, kann also nicht zu einer anderen Beurteilung des Erbvertrages führen.)

c) Ja. § 2274 gilt nur für den Erblasser.
Der andere Vertragspartner, der keine eigene Verfügung trifft, kann sich vertreten lassen.

I_8 Der Erbvertrag kann nur bei gleichzeitiger Anwesenhait der Vertragsschließenden vor einem Notar geschlossen werden, § 2276 I 1. Der Abschluß ist nur zur Niederschrift eines Notars, also nur in der Form möglich, die für das ordentliche öffentliche Testament gilt (vgl. Kap. VI, I_5).

Wenn der Erbvertrag wegen Formmangels oder wegen Willensmängeln des Vertragspartners unwirksam ist, kann eine Umdeutung in ein ordentliches Testament in Betracht kommen, § 140.

F_8 Als Erblasser E beim Notar auf seinen Vertragspartner A wartet, erscheint anstelle des A der B. Der E erklärt, er wolle dem A vertragsmäßig sein (näher bezeichnetes) Feriengrundstück an der Nordsee als Vermächtnis aussetzen. B übergibt eine verschlossene Schrift mit der Erklärung, A lasse ausrichten, sie enthalte seine Annahmeerklärung. Der Notar fertigt eine Niederschrift und verfährt dabei ordnungsgemäß nach dem Beurkundungsgesetz, insbesondere nach § 13 BeurkG.

a) Warum ist der Erbvertrag formunwirksam?

b) Kann A nach dem Tode des E das Grundstück als Vermächtnis beanspruchen?

A_8 a) Zwar muß A, da er nicht Erblasser ist, den Vertrag nicht höchstpersönlich schließen, sondern kann sich vertreten lassen. Dann muß aber ein Vertreter des A beim Vertragsschluß anwesend sein, § 2276 I 1. B war jedoch nur Bote des A.

b) Ja. Der formunwirksame Erbvertrag erfüllt hier die Formerfordernisse eines öffentlichen Testaments. Da anzunehmen ist, daß E das Vermächtnis in jedem Fall aussetzen wollte, kommt eine Umdeutung gemäß § 140 in Betracht.

I_9 Die im Erbvertrag vertragsmäßig getroffenen Verfügungen können im Einverständnis mit dem *Vertragspartner* aufgehoben werden.
Dies kann durch einen *Aufhebungsvertrag* nach § 2290 geschehen, welcher der Form des Erbvertrages bedarf, § 2290 IV. Der Aufhebungsvertrag kann nur zwischen dem Erblasser und dem ursprünglichen Vertragspartner geschlossen werden, unabhängig davon, ob dieser selbst oder ein Dritter bedacht ist. Nach dem Tode des Vertragspartners ist gemäß § 2290 I 2 eine Aufhebung nicht mehr möglich.

Vermächtnisse oder Auflagen, die Bestandteil eines Erbvertrages sind, kann der Erblasser nicht nur durch Aufhebungsvertrag, sondern mit Zustimmung des Vertragspartners auch durch *Testament* aufheben, § 2291 I. Damit ist für weniger bedeutsame vertragsmäßige Anordnungen eine gegenüber dem Aufhebungsvertrag erleichterte Form geschaffen: Für das Aufhebungstestament genügt die eigenhändige Erklärung des Erblassers nach § 2247; nur die Zustimmung des Vertragspartners bedarf der notariellen Beurkundung, § 2291 II.

F_9 In einem Erbvertrag mit seinem Sohn S hat E den S zum Alleinerben eingesetzt und seiner Tochter T ein vertragsmäßiges Vermächtnis ausgesetzt. Kann er das Vermächtnis wirksam aufheben, indem er es mit Zustimmung der T in einem Testament widerruft?

A_9 Nein. Zwar kann ein vertragsmäßiges Vermächtnis außer durch Aufhebungsvertrag auch durch Testament widerrufen werden, § 2291 I 1; jedoch bedarf es hierzu gemäß § 2291 I 2 der Zustimmung des Vertragspartners, hier also des S, nicht aber der des Bedachten, hier der T.

I_{10} Unter Umständen kann sich der Erblasser vom Erbvertrag durch *Rücktritt* lösen:

1. Der Erblasser kann vom Erbvertrag zurücktreten, wenn er sich im Vertrag den Rücktritt vorbehalten hat, § 2293.
2. § 2294 gibt dem Erblasser ein Rücktrittsrecht von einer einzelnen vertragsmäßigen Verfügung bei schweren Verfehlungen des Bedachten.
3. Hat der Bedachte dem Erblasser wiederkehrende Leistungen versprochen – sog. *Verpfründungsvertrag* –, und ist diese Leistungsverpflichtung vor dem Tode des Erblassers entfallen, so kann der Erblasser von solchen vertragsmäßigen Verfügungen zurücktreten, die er nur mit Rücksicht auf die Leistungsverpflichtung des Bedachten getroffen hatte, § 2295.
(Erfüllt der Bedachte seine Verpflichtung nicht, so kommt nicht Rücktritt nach § 2295, sondern Anfechtung des Erbvertrags in Betracht, vgl. unten I_{11}.)

Der Rücktritt ist ein höchstpersönliches Rechtsgeschäft, § 2296 I. Die Erklärung ist empfangsbedürftig und bedarf der notariellen Beurkundung, § 2296 II. Nach dem Tode des Vertragspartners kann der rücktrittsberechtigte Erblasser die vertragsmäßige Verfügung durch Testament aufheben, § 2297 S. 1.

Auf *einseitige* Verfügungen finden die Rücktrittsvorschriften keine Anwendung, da der Erblasser sie, auch wenn sie im Erbvertrag getroffen sind, jederzeit widerrufen kann, § 2299 II 1. Jedoch erlischt eine einseitige Verfügung im Erbvertrag mit der Aufhebung des Vertrages nach § 2290 oder dem Rücktritt vom ganzen Vertrag, wenn nicht ein anderer Wille des Erblassers anzunehmen ist, § 2299 III.

F_{10} Was ist ein Verpfründungsvertrag?

A_{10} Ein Verpfründungsvertrag ist ein Vertrag, in dem der Bedachte im Hinblick auf die von dem Erblasser getroffenen vertragsmäßigen Verfügungen sich verpflichtet, ihm zu seinen Lebzeiten wiederkehrende Leistungen zu erbringen.

I_{11} Der Erbvertrag kann unter bestimmten Voraussetzungen *angefochten* werden. Zunächst gelten auch hinsichtlich der im Erbvertrag enthaltenen erbrechtlichen Anordnungen die Vorschriften der §§ 2078ff. über die Anfechtung letztwilliger Verfügungen, § 2279 I. Daher ist z. B. anfechtungsberechtigt, wem die Aufhebung der Verfügung unmittelbar zustatten kommt.

Eine Besonderheit besteht nach § 2281 I darin, daß auch der Erblasser selbst eine vertragsmäßige Verfügung nach §§ 2078, 2079 anfechten kann. (Einseitige Verfügungen kann er nicht anfechten, weil er sie jederzeit widerrufen kann, vgl. § 2299 II 1.)
Die Anfechtung durch den Erblasser muß höchstpersönlich erfolgen (§ 2282 I 1) und notariell beurkundet werden (§ 2282 III). Sie muß gegenüber dem Vertragspartner abgegeben werden, § 143 II. Ist der Vertragspartner bereits gestorben, so ist die Anfechtung einer zu seinen Gunsten getroffenen Verfügung nicht nötig, weil die Verfügung nach §§ 1923 I bzw. 2160 gegenstandslos ist; eine Verfügung zugunsten eines Dritten ist nach dem Tode des Vertragspartners gegenüber dem Nachlaßgericht anzufechten, § 2281 II.
Die Anfechtung der Erklärungen des Vertragspartners richtet sich nach §§ 119ff.

F_{11} a) Erblasser E setzt den V vertraglich zu seinem Erben ein, und V verpflichtet sich, dem E eine monatliche Rente von 500,– DM zu zahlen. Nach einem halben Jahr stellt V die Zahlungen ein. Wie kann E vom Erbvertrag loskommen?

b) Wie könnte V von seiner Verpflichtung loskommen, wenn E ihn über den Umfang seines Vermögens getäuscht hätte?

A_{11} a) Rücktritt nach § 2295 kommt nicht in Betracht, da die Verpflichtung des V durch Nichterfüllung nicht aufgehoben wird. Wenn V sich nicht auf vertragliche Aufhebung (§ 2290) einläßt, bleibt für E nur die Anfechtung nach §§ 2281 I, 2078 II übrig. Sie greift durch, wenn E zu der Erbeinsetzung des V durch die Erwartung bestimmt worden ist, daß V die monatliche Rente zahlen werde.

b) V kann nach § 123 I wegen arglistiger Täuschung anfechten.

I_{12} Ehegatten können ein *gemeinschaftliches Testament* errichten, § 2265. Ein gemeinschaftliches Testament ist ein Testament, in dem jeder Ehegatte Verfügungen im Hinblick auf die Verfügungen des anderen Ehegatten trifft und das im Gegensatz zum einfachen Testament gewisse Bindungswirkungen entfalten kann.
Das gemeinschaftliche Testament enthält keine vertraglichen, sondern einseitige Verfügungen von Todes wegen. Daher gelten die Vorschriften für Testamente (§§ 2064ff.) auch hier, insbesondere auch die Formvorschriften. Für die Errichtung eines privatschriftlichen gemeinschaftlichen Testaments gewährt das Gesetz jedoch eine Formerleichterung: Es genügt, wenn *ein* Ehegatte die gemeinsame Erklärung in der Form des § 2247 niederschreibt und der andere Ehegatte diese Erklärung eigenhändig mitunterzeichnet, § 2267 S. 1. Die Mitunterzeichnung soll unter Orts- und Zeitangabe erfolgen, § 2267 S. 2.

§ 2267 stellt für das privatschriftliche gemeinschaftliche Testament nur Mindestanforderungen auf. Bei privatschriftlichen Testamenten von Ehegatten, die nicht in der Form des § 2267 abgefaßt sind, sondern bei denen jeder Ehegatte in der Form des § 2247 testiert, kann die Gemeinschaftlichkeit des Testaments schwierig zu ermitteln sein. Abfassung in *einer* Urkunde spricht für Gemeinschaftlichkeit. Bei mehreren Urkunden wird man Gemeinschaftlichkeit annehmen müssen, wenn die Verfügungen einem gemeinsamen Entschluß entsprechen und dies in den Erklärungen zum Ausdruck kommt (vgl. hierzu Lange § 22 III).

F_{12} a) Ehemann M testiert eigenhändig: „Wir, die Eheleute F und M, wollen uns gegenseitig zu Erben einsetzen. Bielefeld, den 10. 1. 1973. M". Seine Frau F testiert in einer zweiten Urkunde ebenfalls eigenhändig: „Wie schon mein Mann mich, so setze ich ihn zum Erben ein. Bielefeld, den 15. 1. 1973. F."
Liegt ein formgültiges gemeinschaftliches Testament vor?

b) Ist das privatschriftliche gemeinschaftliche Testament formwirksam, wenn die F minderjährig ist?

A_{12} a) Ja. Beide Testamente entsprechen der Form des § 2247. Aus beiden Erklärungen geht eindeutig hervor, daß die Verfügungen aufgrund gemeinsamen Entschlusses getroffen wurden. Dann können auch zeitliche Zwischenräume zwischen den Niederschriften nicht schaden.

b) Nein. Die Formerleichtetung, die § 2267 S. 1 gegenüber § 2247 gewährt, besteht lediglich darin, daß nur einer der beiden Ehegatten den Text des Testaments niederschreiben muß. Im übrigen gilt § 2247 für beide. Auch der mitunterzeichnende Ehegatte muß also volljährig sein, § 2247 IV. Ein Minderjähriger kann zwar von der Vollendung des 16. Lebensjahres an testieren (§ 2229 I), aber nur in der Form des öffentlichen Testaments.

I_{13} Häufig wird ein gemeinschaftliches Testament in der Weise errichtet, daß sich die Ehegatten gegenseitig zu Erben einsetzen und darüber hinaus bestimmen, daß nach dem Tode des zuletzt Versterbenden ein Dritter – meist ein Abkömmling – Erbe sein soll (sog. *Berliner Testament*). Für dieses Testament stellt das Gesetz eine Auslegungsregel auf, § 2269 I: Der überlebende Ehegatte soll Vollerbe des Erstverstorbenen sein und nicht, was auch denkbar wäre, nur dessen Vorerbe; der Dritte soll nicht Nacherbe des Erstverstorbenen und Vollerbe des Letztverstorbenen sein, sondern nur Erbe des Letztverstorbenen (sog. *Schlußerbe*). Das Vermögen des Erstverstorbenen geht also im Vermögen des Letztversterbenden auf, und dessen Vermögen geht als Einheit auf den Schlußerben über (Einheitsprinzip); bei Nacherbschaft bliebe das Vermögen des Erstverstorbenen bis zum Nacherbfall vom Vermögen des Letztversterbenden getrennt (Trennungsprinzip).

Die Vermutung des § 2269 kann aber nur eingreifen, wenn sich kein entgegenstehender Wille des Erblassers ermitteln läßt.

F_{13} Die Eheleute M und F haben in einem gemeinschaftlichen Testament sich gegenseitig zu Erben eingesetzt und bestimmt, daß nach dem Tode des Letztversterbenden der S den beiderseitigen Nachlaß erhalten soll. Nach dem Tode des M will die F ein zu dessen Nachlaß gehörendes Grundstück unentgeltlich veräußern. Ist dazu die Zustimmung des S erforderlich?

A_{13} Nein. Zustimmungsbedürftig könnte die Veräußerung nur nach § 2113 I oder II sein, was voraussetzen würde, daß der S Nacherbe wäre. Aufgrund der Auslegungsregel des § 2269 I ist jedoch anzunehmen, daß S nicht Nacherbe des M, sondern nur Erbe der F (Schlußerbe) sein soll.

I_{14} Zuweilen enthält ein Berliner Testament die Bestimmung, daß der überlebende Ehegatte für den Fall seiner Wiederheirat enterbt oder auf den gesetzlichen Erbteil beschränkt sein soll (sog. *Wiederverheiratungsklausel*).

B

„Wir setzen uns gegenseitig zu Erben ein. Nach dem Tode des Längstlebenden sollen unsere Kinder alles bekommen. Heiratet der Überlebende wieder, so soll der Nachlaß des Erstversterbenden den Kindern sofort zufallen."

oder:

„Bei Wiederheirat des Überlebenden soll dieser nur seinen gesetzlichen Erbteil erhalten."

Die Wiederverheiratungsklausel enthält die auflösend bedingte Einsetzung des überlebenden Ehegatten als Vorerben. Der Nacherbfall tritt mit der Wiederheirat ein. Die h. M. nimmt an, daß im Zweifel der Vorerbe gemäß § 2136 befreit ist.
Heiratet der überlebende Ehegatte nicht wieder, so steht bei seinem Tode fest, daß der Nacherbfall nicht mehr eintreten kann. Nunmehr kommt die Vermutung des § 2269 zum Zuge, so daß der Letztverstorbene im Zweifel Vollerbe war.

F_{14} In einem Berliner Testament haben die Eheleute V und M sich gegenseitig zu Erben und ihren Sohn S zum Schlußerben sowie für den Fall der Wiederheirat des überlebenden Ehegatten zum Nacherben des Erstversterbenden eingesetzt. V stirbt. Dann stirbt auch M.

a) Wessen Erbe ist S?

b) Wie ist die Erbfolge nach V, wenn die M nach dem Tod des V wieder heiratet?

A_{14} a) S ist Erbe der M (Schlußerbe). Er ist nicht Nacherbe des V, denn der Nacherbfall (Wiederheirat) trat nicht ein, so daß die M Vollerbin des V war.

b) V ist Vorerbin und S Nacherbe des M.

I_{15} Wenn in einem gemeinschaftlichen Testament ein Ehegatte eine Verfügung gerade deshalb trifft, weil der andere Ehegatte eine bestimmte andere Verfügung trifft (sog. *wechselbezügliche Verfügung*), so erfordert das Vertrauen des einen in den Bestand der Verfügung des anderen einen gewissen Schutz. Darum führt die Nichtigkeit oder der Widerruf *einer* wechselbezüglichen Verfügung zur Unwirksamkeit der anderen, § 2270 I.

Das Gesetz stellt Vermutungen für das Vorliegen von wechselbezüglichen Verfügungen auf: Im Zweifel ist Wechselbezüglichkeit anzunehmen, wenn die Ehegatten sich gegenseitig bedenken oder wenn der eine Ehegatte den anderen bedenkt und der Bedachte für den Fall seines Überlebens zugunsten einer Person verfügt, die mit dem einen Ehegatten verwandt ist oder ihm sonst nahesteht, § 2270 II.

Wechselbezüglich können nur solche Verfügungen getroffen werden, die auch in einem Erbvertrag als vertragsmäßige möglich wären, nämlich Erbeinsetzungen, Vermächtnisse und Auflagen, § 2270 III.

F_{15} a) In einem gemeinschaftlichen Testament setzt der M seine Frau F und die F für den Fall ihres Überlebens den S, einen Sohn des M aus dessen erster Ehe, zum Erben ein. Außerdem setzt die F ihrer Schwester A ein Vermächtnis aus. Welche der in dem Testament enthaltenen drei Verfügungen ist zu welcher anderen Verfügung wechselbezüglich?

b) Bleibt die Verfügung zugunsten der F wirksam, wenn S vor den Eheleuten stirbt?

A_{15} a) Wechselbezüglich sind gemäß § 2270 II, 2. Alt., die Einsetzung der F durch den M und die Einsetzung des S durch die F. Nicht wechselbezüglich ist das Vermächtnis zugunsten der A, da nicht anzunehmen ist, daß die F es nur wegen einer Verfügung des M ausgesetzt hat.

b) Ja. Der Tod des S macht die Verfügung zu seinen Gunsten nicht nichtig, sondern nur gegenstandslos. Nur Nichtigkeit oder Widerruf der Verfügung zugunsten des S hätte die Unwirksamkeit der Verfügung des M zugunsten der F zur Folge, § 2270 I.

I_{16} Solange beide Ehegatten leben, kann jeder von ihnen seine wechselbezüglichen Verfügungen *frei widerrufen,* jedoch nur durch notariell beurkundete Erklärung gegenüber dem anderen Ehegatten, §§ 2271 I, 2296 II.

Nach dem Tode eines Ehegatten ist dagegen die *Testierfreiheit* des Überlebenden zum Schutze des Erstversterbenden *beschränkt.* Der Überlebende kann seine wechselbezüglichen Verfügungen nicht mehr widerrufen, es sei denn, er schlägt das ihm vom Vorverstorbenen Zugewandte aus oder es liegt eine schwere Verfehlung des vom Überlebenden Bedachten vor, § 2271 II.

F_{16} Die Eheleute M und F testieren in der Form des § 2267: „Wir setzen uns gegenseitig zu Erben ein. Nach unser beider Tod sollen unsere Kinder S und T Erben sein.“ Wie kann M seine Verfügung vor dem Tod der F, wie nach dem Tod der F widerrufen?

A_{16} Die Einsetzung der F durch den M ist mit der Einsetzung des M durch die F nach § 2270 II 1. Alt. wechselbezüglich. Ebenso ist die Einsetzung der Kinder durch den M mit der Einsetzung des M durch die F nach § 2270 II 2. Alt. wechselbezüglich. Daher kann M seine beiden Verfügungen vor dem Tod der F nur durch notariell beurkundete Erklärung gegenüber F (§§ 2271 I, 2296 II), nach dem Tod der F aber überhaupt nicht mehr widerrufen, es sei denn, es läge eine der in § 2271 II genannten Ausnahmen vor.

I_{17} Ebenso wie ein Erbvertrag beschränkt eine wechselbezügliche Verfügung nicht das Recht der Ehegatten, durch Rechtsgeschäfte unter Lebenden über ihr Vermögen zu verfügen. Auf Rechtsgeschäfte, die den durch eine wechselbezügliche Verfügung Bedachten *beeinträchtigen*, werden die §§ 2287, 2288 entsprechend angewendet.

Da die Bindung des überlebenden Ehegatten an seine wechselbezüglichen Verfügungen erbvertragsähnlichen Charakter hat, finden auch die *Anfechtungsregeln* der §§ 2281 ff. entsprechende Anwendung. Der überlebende Ehegatte kann also seine wechselbezügliche Verfügung zwar nicht widerrufen, wohl aber unter den Voraussetzungen der §§ 2078 f. anfechten.

F_{17} Wiederholungsfragen zum gemeinschaftlichen Testament:

a) Welche vier Verfügungen enthält ein Berliner Testament?

b) Zwischen welchen dieser vier Verfügungen ist unter welchen Voraussetzungen im Zweifel Wechselbezüglichkeit anzunehmen?

A_{17} a) 1. Erbeinsetzung der Frau durch den Mann,
2. Erbeinsetzung des Mannes durch die Frau,
3. Einsetzung eines Dritten als Ersatzerbe durch den Mann,
4. Einsetzung eines Dritten als Ersatzerbe durch die Frau.

b) Nach § 2270 II besteht im Zweifel Wechselbezüglichkeit zwischen 1. und 2. sowie, falls der Dritte mit dem Erstversterbenden verwandt ist oder ihm sonst nahesteht, zwischen 1. und 4. bzw. zwischen 2. und 3. (Zwischen 3. und 4. ist also keine Wechselbezüglichkeit anzunehmen.)

I_{18} Gesetzliche Erben (ausgenommen der Fiskus), gewillkürte Erben, Vermächtnisnehmer und Pflichtteilsberechtigte können durch *Erbverzichtsvertrag* mit dem Erblasser auf den künftigen Erwerb von Todes wegen verzichten, §§ 2346 I 1 und II, 2352.

Der Erbverzicht bewirkt, daß der Verzichtende so behandelt wird, als lebte er zur Zeit des Erbfalls nicht mehr; gesetzliche Erben verlieren daher durch den Verzicht auch ihr Pflichtteilsrecht, § 2346 I 2. Der Verzicht kann jedoch auf das Pflichtteilsrecht beschränkt werden, § 2346 II; das Erbrecht des Verzichtenden bleibt dann unberührt. Andererseits ist auch ein Erbverzicht unter Vorbehalt des Pflichtteilsrechts möglich.

Der Verzicht eines Abkömmlings oder Seitenverwandten (also nicht des Ehegatten oder eines Vorfahren) des Erblassers erstreckt sich auf dessen ganzen Stamm, wenn nicht im Erbverzichtsvertrag eine anderweitige Regelung getroffen wird, § 2349.

F_{18} Die Witwe F schließt mit ihrem Sohn S einen Erbverzichtsvertrag. Sind die Kinder des S, wenn dieser vor F stirbt, neben dessen Geschwistern gesetzliche Erben der F, weil sie dem Verzicht nicht zugestimmt haben?

A_{18} Nein. Mangels anderslautender Regelung im Erbverzichtsvertrag erstreckt sich der Verzicht des S gemäß § 2349 auch auf seine Kinder.

I_{19} Der Erbverzicht muß notariell beurkundet werden, § 2348. Auslegung und Anfechtung richten sich nach allgemeinen, nicht nach erbrechtlichen Vorschriften.

Mitunter wird ein Erbverzichtsvertrag zugunsten einer anderen Person geschlossen. Nach der Auslegungsregel des § 2350 I bedeutet dies im Zweifel, daß der Verzicht unter der Bedingung erklärt wird, daß der Begünstigte Erbe wird. Erbverzicht von Abkömmlingen des Erblassers ist im Zweifel als Erbverzicht zugunsten der anderen Abkömmlinge und des Ehegatten des Erblassers anzusehen, § 2350 II.

Wirtschaftlicher Zweck des Erbverzichts kann es sein, einen Familienbesitz ungeteilt in einer Hand zu erhalten. Zum anderen dient der Erbverzicht häufig dem Interessenausgleich zwischen künftig Erbberechtigten: Der Verzichtende hat nämlich in der Regel bereits zu Lebzeiten des Erblassers eine Leistung empfangen, so daß seine zusätzliche Erbbeteiligung andere benachteiligen würde.

F_{19} Witwer E will sein Vermögen gerecht unter seine beiden Kinder S und T aufteilen. Da er seiner Tochter bereits aus Anlaß ihrer Hochzeit ein Hausgrundstück übereignet hat, schließt er mit ihr einen Erbverzichtsvertrag. Später stirbt sein Sohn S vor ihm.

a) Wird T gesetzliche Erbin des E?

b) Würde sich das Ergebnis ändern, wenn S Kinder hatte?

A19 a) Ja. Weil kein anderer Wille festgestellt werden kann, gilt die Vermutung, daß T zugunsten des S verzichtet hat, § 2350 II. Mangels entgegenstehenden Willens gilt dieser Verzicht gemäß § 2350 I nur für den Fall, daß S Erbe wird. Da S zur Zeit des Erbfalls nicht mehr lebt und daher nicht Erbe werden kann, behält die T ihr gesetzliches Erbrecht.

b) Ja. Die Kinder des S sind Abkömmlinge des E. Es wird gemäß § 2350 II vermutet, daß der Verzicht auch zu ihren Gunsten erfolgte. Wegen des Verzichts der T werden die Kinder des S gesetzliche Erben. Die Bedingung für die Wirksamkeit des Verzichts gemäß § 2350 I besteht noch.

Anhang zu Kapitel VII

RECHTSGESCHÄFTE UNTER LEBENDEN AUF DEN TODESFALL

I_1 Schwierigkeiten bereitet die Behandlung von Rechtsgeschäften, die der Erblasser *zu Lebzeiten* abschließt, deren Wirkungen aber erst *mit dem Tode* eintreten sollen.

B E verkauft ein Bild aus seiner Galerie an K. Bis zu seinem Tode möchte er das Bild aber noch behalten. Abwandlung: E verschenkt das Bild an K.

Soweit es sich um *entgeltliche* Geschäfte handelt, gelten die Vorschriften über Rechtsgeschäfte unter Lebenden.

B Im Falle des Bilderverkaufs hat K einen Anspruch auf Erfüllung aus § 433 I gegen die Erben des E.

Bei *unentgeltlichen* Geschäften ist zu unterscheiden:

1.) Die Erfüllung des Versprechens kann durch den Tod des Schenkers befristet sein, ohne durch das Überleben des Beschenkten bedingt zu sein (*betagte Schenkung*). Der Beschenkte erhält dann unmittelbar einen Anspruch, der aber erst beim Tod des Schenkers fällig wird. Ist der Beschenkte dann bereits verstorben, steht der Anspruch seinen Erben zu.

2.) Das Versprechen kann unter der aufschiebenden Bedingung erteilt werden, daß der Beschenkte den Schenker überlebt, oder unter der auflösenden Bedingung, daß der Beschenkte vor dem Schenker stirbt (*Schenkung auf den Todesfall* oder *von Todes wegen*).

Auf die betagte Schenkung finden allein die §§ 516ff. Anwendung.

Bei Schenkungen auf den Todesfall sind gemäß § 2301 u. U. die Vorschriften über Verfügungen von Todes wegen anwendbar (s. unten I_2–I_4).

F_1 Witwer W verspricht B, dem Bruder seiner verstorbenen Frau F, er solle nach seinem (W's) Tod drei Kupferstichportraits von Vorfahren der F bekommen, „damit diese in der richtigen Familie bleiben".
Handelt es sich um eine betagte Schenkung oder um eine Schenkung auf den Todesfall?

A_1 Es handelt sich um eine betagte Schenkung: Aus der Erklärung des W geht hervor, daß es ihm darauf ankam, gerade den B zu bedenken. Daher ist die Schenkung nicht durch das Überleben des B bedingt. Lediglich die Erfüllung ist durch den Tod des W befristet und hat u. U. durch Leistung an die Erben des B zu erfolgen. § 2301 ist nicht anwendbar.

I_2 § 2301 I soll verhindern, daß der Erblasser unter Umgehung des Gebots der Höchstpersönlichkeit (§§ 2064, 2274) sowie eventueller Beschränkungen der Testierfreiheit (§§ 2271 II 1, 2289 I 2) durch Rechtsgeschäfte unter Lebenden Zuwendungen macht, die wirtschaftlich gesehen Zuwendungen aus dem Nachlaß sind, da sie erst diesen und nicht schon den Erblasser belasten.

Da auf Schenkungen auf den Todesfall die Vorschriften über Verfügungen von Todes wegen anwendbar sind, gilt für sie nicht die Form des § 518. Die Zuwendung ist vielmehr nur dann wirksam, wenn sie den Formerfordernissen des Testaments oder des Erbvertrags genügt. Die Form eines Erbvertrags (§ 2276 I 1) ist oft nicht eingehalten, weil bei Schenkungsversprechen nur die Erklärung des Schenkers notariell beurkundet werden muß, vgl. § 518 I. Ein notarielles Schenkungsversprechen genügt aber der Form des öffentlichen Testaments (§ 2232); ein privatschriftliches Schenkungsversprechen, das nach § 518 I formnichtig wäre, kann der Form des eigenhändigen Testaments genügen. Die Zuwendung stellt in diesen Fällen meistens ein Vermächtnis dar, da sie nicht das Vermögen des Erblassers im ganzen oder einen Bruchteil desselben, sondern einen Einzelgegenstand betrifft, vgl. §§ 2087 II, 1939.

F_2 Erblasser E verspricht seinem Freund F in einer notariellen Urkunde, ihm seine Münzsammlung zu schenken, falls dieser ihn überlebt. F nimmt die Schenkungsofferte zu Lebzeiten des E an. F klagt nach dem Tode des E gegen dessen Erben auf Übereignung der Münzsammlung. Hat er einen Anspruch aus einem Schenkungsversprechen oder aus einem Vermächtnis?

A_2 F hat einen Anspruch aus Vermächtnis (Anspruchsgrundlage: § 2174). E hatte ein Schenkungsversprechen abgegeben, das durch das Überleben des Beschenkten bedingt war. Es handelt sich also um eine Schenkung auf den Todesfall. Auf sie sind nach § 2301 I nicht §§ 516ff., sondern die Vorschriften über Verfügungen von Todes wegen anzuwenden. Inhaltlich ist die Zuwendung ein Vermächtnis, § 1939. In formeller Hinsicht genügt das notarielle Versprechen des E den Erfordernissen des öffentlichen Testaments, § 2232. Das Vermächtnis ist daher wirksam.

I_3 Vollzieht der Erblasser die Schenkung auf den Todesfall zu seinen Lebzeiten, so wird sie als Rechtsgeschäft unter Lebenden behandelt, § 2301 II. Es gelten dann also die §§ 516ff.; erbrechtliche Vorschriften sind nicht anwendbar. *Vollzug* i. S. d. § 2301 II ist nicht erst bei Erfüllung des Schenkungsversprechens gegeben. Erforderlich ist aber, daß der Erblasser zu seinen Lebzeiten ein eigenes Vermögensopfer erbringt. Das ist jedenfalls dann der Fall, wenn der Beschenkte eine dingliche *Anwartschaft* erlangt.

B Der Erblasser übereignet den versprochenen Gegenstand an den Beschenkten unter der aufschiebenden Bedingung, daß dieser ihn überlebt.

Nach einer weitergehenden Auffassung soll Vollzug auch schon dann anzunehmen sein, wenn der Erwerb des Bedachten sich *ohne weiteres Zutun* des Erblassers vollzieht.

F_3 Erblasserin E übergibt ihrer Nichte N ihren Familienschmuck mit den Worten: „Da mein Sohn doch nicht heiraten wird, trage du ihn. Nach meinem Tode soll er dir gehören.“ Nach dem Tod der E verlangt deren Sohn S als Alleinerbe die Herausgabe des Schmuckes von N. Zu Recht?
(Prüfen Sie sorgfältig Ansprüche aus Eigentum und aus ungerechtfertigter Bereicherung!)

A_3 Nein. Ein Anspruch aus § 985 besteht nicht, da E und N sich unter der aufschiebenden Bedingung des Vorversterbens der E über den Eigentumsübergang geeinigt hatten, diese Bedingung eingetreten ist, und E der N den Schmuck übergeben hatte, N also nach §§ 929 S. 1, 158 I Eigentum erworben hat. – Ein Anspruch aus § 812 I 1, 1. Alt. (Leistungskondiktion) besteht nicht, weil eine wirksame Schenkung vorliegt. Es handelte sich um eine Schenkung auf den Todesfall. Da N aber schon zu Lebzeiten der E eine dingliche Anwartschaft erworben hatte, war die Schenkung vollzogen i. S. d. § 2301 II, so daß die Formvorschrift des § 518 anzuwenden ist. An sich bedurfte das Schenkungsversprechen der E der notariellen Beurkundung, § 518 I. Da N aber mit dem Tode der E Eigentum erwarb, ist die versprochene Leistung in diesem Zeitpunkt bewirkt und der Formmangel nach § 518 II geheilt.

I_4 Bedient sich der Erblasser zur Erfüllung seines Versprechens eines *Boten* oder *Stellvertreters* und stirbt er vor Bewirkung der Leistung, so ist streitig, wann ein Vollzug anzunehmen ist.
Einhellig wird Vollzug bejaht, wenn eine unwiderrufliche Vollmacht erteilt ist. In diesem Fall liegt nämlich eine gesicherte Erwerbsaussicht des Beschenkten vor, die einer dinglichen Anwartschaft nahekommt. Wer es für den Vollzug genügen läßt, daß der Erwerb des Bedachten sich ohne weiteres Zutun des Erblassers vollzieht, muß darauf abstellen, ob der Erblasser den Schenkungsgegenstand der Mittelsperson ausgehändigt und damit das eigene Vermögensopfer erbracht hat.

(Daß der Vertreter noch nach dem Tode des Erblassers von der Vollmacht Gebrauch machen kann, ergibt sich aus §§ 168 S. 1, 672 S. 1. Die Erben können jedoch die Vollmacht nach §§ 168 S. 2, 671 I widerrufen. Daß der Bote noch nach dem Tode des Erblassers eine Einigungsofferte wirksam überbringen kann, folgt aus § 130 II; die Annahmefähigkeit der Offerte ergibt sich aus § 153. Die Erben können jedoch die Wirksamkeit der Offerte durch rechtzeitigen Widerruf nach § 130 I 2 vereiteln.)

F_4 Erblasser E und seine Schwester S begeben sich zum Notar. Sie lassen dort einen Vertrag beurkunden, in dem E der S für den Fall seines Vorversterbens schenkweise ein Grundstück verspricht. Außerdem erteilt E seinem Bruder B Vollmacht, das Grundstück nach seinem Tode an die S aufzulassen. B führt den Auftrag aus. Kann F, die Alleinerbin des E, von S nach § 812 die Rückübereignung des Grundstücks verlangen, wenn die Eintragung inzwischen erfolgt ist? Macht es einen Unterschied, welcher der beiden Auffassungen über den Vollzug man folgt?

A_4 (Die Übereignung des Grundstücks ist wirksam, da der Tod des E die Auflassungsvollmacht des B nicht berührte, §§ 168 S. 1, 672 S. 1; daher hat die F keinen Herausgabeanspruch aus § 985 und auch keinen Grundbuchberichtigungsanspruch aus § 894.)

F hat keinen Anspruch aus § 812 I 1,1. Alt. (Leistungskondiktion): Es handelte sich um eine Schenkung auf den Todesfall, da es E darauf ankam, für den Fall seines Vorversterbens gerade die S zu bedenken. Die Schenkung war nicht zu Lebzeiten des E vollzogen, denn weder bestand eine gesicherte Erwerbsaussicht der S, weil die Vollmacht des B widerruflich war, noch hatte E ein eigenes Vermögensopfer erbracht, da er den Schenkungsgegenstand nicht aus der Hand gegeben hatte. (Beide Auffassungen über den Vollzug gelangen hier also zum gleichen Ergebnis.) Daher sind nicht gemäß § 2301 II die Formvorschriften über Rechtsgeschäfte unter Lebenden, sondern gemäß § 2301 I die erbrechtlichen Formvorschriften anzuwenden. Der notarielle Vertrag (vgl. § 313 S. 1 – es war also nicht nur gemäß § 518 I 1 Beurkundung des Versprechens des E erforderlich) genügt der Form des Erbvertrags. Daher liegt ein wirksames Vermächtnis zugunsten der S vor. Die Übereignung erfolgte also nicht rechtsgrundlos.

I_5 Der Erblasser kann eine Zuwendung auf den Todesfall auch durch *echten Vertrag zugunsten Dritter* machen, § 331 I. Ob der Begünstigte ein eigenes Forderungsrecht erhalten soll, ist durch Auslegung zu ermitteln (§ 328 II); für den wichtigen Fall der *Lebensversicherung* ist gemäß § 330 S. 1 ein Forderungsrecht des Dritten zu vermuten.

Soll der Erwerb des Begünstigten endgültig sein, muß das *Valutaverhältnis* (Erblasser – Begünstigter) einen Rechtsgrund enthalten. Dieser würde wegen §§ 2301, 125 S. 1 regelmäßig fehlen, da die für Verfügungen von Todes wegen vorgeschriebene Form nicht eingehalten ist. Rechtsprechung und h. M. wenden jedoch im Rahmen des § 331 auf das Valutaverhältnis nicht § 2301 an und eröffnen so die Möglichkeit, ohne Einhaltung erbrechtlicher Formvorschriften die Zuordnung von Vermögenswerten nach dem Tode zu regeln.

Man bedient sich hierzu folgender Konstruktion: Die Begünstigungserklärung im *Deckungsverhältnis* (Erblasser – Versprechender) enthält eine Schenkungsofferte des Erblassers an den Begünstigten, die der Versprechende nach dem Erbfall weiterleitet (vgl. § 130 II) und der Begünstigte dann annimmt (vgl. § 153). Mit der Annahme kommt also ein Schenkungsvertrag zwischen Erblasser und Begünstigtem zustande; da die Leistung (Zuwendung der Forderung) bereits mit dem Erbfall bewirkt ist (§ 328 I), bedarf die Schenkung gemäß § 518 II keiner Form.

F_5 Die Großmutter G legt ein Sparbuch auf den Namen ihrer Enkelin E an und vereinbart mit der Bank B, daß nach ihrem Tode die E Berechtigte sein solle. G behält das Sparbuch in Besitz, so daß E erst nach dem Tod der G durch die B von dem Sachverhalt erfährt. Die Erben meinen, sie seien Eigentümer des Sparbuchs, zumindest aber hätten sie ein Recht zum Besitz. Kann E gemäß §§ 985, 952 von den Erben Herausgabe des Sparbuches verlangen?

A_5 Ja. Anspruchsgrundlage ist § 985. Die Erben der G sind nach § 857 Besitzer des Buches geworden. Die E hat nach § 952 II u. I Eigentum am Buch erworben, da das Sparbuch ein qualifiziertes Legitimationspapier (§ 808) ist und bei solchen Papieren das Recht „am Papier" (Eigentum) dem Recht „aus dem Papier" (Forderung) folgt. Daß die E Inhaberin der durch das Sparbuch verbrieften Forderung ist, ergibt sich daraus, daß G und B durch echten Vertrag zugunsten Dritter (§ 328 I) ein Forderungsrecht der E begründet haben. Zwar sollte die E das Recht erst für den Fall des Todes der Versprechensempfängerin G erhalten (§ 331 I), aber dieser Fall ist eingetreten.

Dem Herausgabeanspruch der E steht auch kein Recht der Erben zum Besitz (§ 986 I 1) entgegen. Ein solches Recht bestände nur, wenn die E um die Forderung ungerechtfertigt bereichert wäre und diese daher nach § 812 I 1 an die Erben abtreten müßte, womit nach § 952 auch das Eigentum am Sparbuch auf die Erben überginge und sich ein vorheriges Herausgabeverlangen der E als dolos herausstellen würde, weil sie das Buch doch zurückgeben müßte. Die E ist aber nicht ungerechtfertigt bereichert, denn es liegt eine wirksame Schenkung vor. Die G hatte eine Schenkungsofferte gemacht, die nach dem Tod der G durch die B an die E weitergeleitet (§ 130 II) und von dieser angenommen wurde (§§ 153, 151 S. 1). Da nach h. M. im Bereich des § 331 die Anwendbarkeit des § 2301 ausgeschlossen ist, kommen für diese Schenkung erbrechtliche Formvorschriften nicht in Betracht. Es gilt vielmehr nur § 518. Das Fehlen der notariellen Form des Schenkungsversprechens (§ 518 I) ist nach § 518 II dadurch geheilt, daß die versprochene Leistung, also die Zuwendung der Forderung, mit dem Tode der G bewirkt ist (§ 331 I).

Kapitel VIII

PFLICHTTEILSRECHT

I_1 Wie Sie in Kap. III, I_1 gelesen haben, kann der Erblasser aufgrund der Testierfreiheit über sein Vermögen nach Belieben verfügen; das schließt ein, daß er seinen nächsten Angehörigen übergehen kann. Das Pflichtteilsrecht beschränkt diese Auswirkung der Testierfreiheit, indem es den ehelichen und nichtehelichen Abkömmlingen, dem Ehegatten und unter Umständen den Eltern des Erblassers einen schuldrechtlichen Anspruch auf einen Mindestanteil am Wert des Nachlasses sichert, den sogenannten *Pflichtteil.*

Begründet wird das Institut des Pflichtteilsrechts mit einer über den Tod hinausreichenden Sorgepflicht des Erblassers und mit der Vorstellung von der Familiengebundenheit des Vermögens.

F_1 a) Erblasser A hat zwei Söhne, B und C. Da C nicht, wie A gewünscht hatte, Jurist, sondern Politologe geworden ist, hat A den B zum Alleinerben eingesetzt. Wie unterscheiden sich die Rechtsstellungen des B und des C in bezug auf den Nachlaß?

b) Nennen Sie Gründe, warum die Testierfreiheit durch das Institut des Pflichtteilsrechts beschränkt worden ist.

A_1 a) B tritt mit dem Erbfall als Gesamtrechtsnachfolger in die Rechte und Pflichten des A ein. C erhält einen schuldrechtlichen Anspruch auf Auszahlung seines Pflichtteils.

b) Über den Tod hinausreichende Sorgepflicht des Erblassers für seine nächsten Angehörigen und Bindung des Vermögens an die Familie.

I_2 Zum Kreis der Pflichtteilsberechtigten gehören gemäß § 2303 die *Abkömmlinge*, die *Eltern* und der *Ehegatte* des Erblassers. Diese Personen haben einen Pflichtteilsanspruch, wenn sie nach der gesetzlichen Erbfolge zu Erben berufen wären, jedoch vom Erblasser durch Verfügung von Todes wegen von der Erbfolge ausgeschlossen sind, vgl. § 2303 I 1 und II 1. (Besondere Regelungen gelten für Ehegatten, die im gesetzlichen Güterstand der Zugewinngemeinschaft lebten; dazu unten I_{10} f.)

Entfernteren Abkömmlingen und den *Eltern* des Erblassers steht ein Pflichtteilsanspruch jedoch dann nicht zu, wenn ein Abkömmling, der sie im Falle der gesetzlichen Erbfolge nach dem Repräsentationsprinzip bzw. gemäß § 1930 ausschließen würde, den Pflichtteil verlangen kann, § 2309.

B Wenn E seine Tochter T und deren Kind K enterbt hat, so wären nach dem Wortlaut des § 2303 I 1 beide pflichtteilsberechtigt. Da die T jedoch K nach § 1924 II von der gesetzlichen Erbfolge ausschließen würde, hat nur sie, nicht aber K, einen Pflichtteilsanspruch.

Pflichtteilsberechtigt sind auch *nichteheliche Abkömmlinge* des Erblassers und der *nichteheliche Vater* des Erblassers, falls ihnen bei gesetzlicher Erbfolge nur ein Erbersatzanspruch zustände (Kap. II, I_{11}), dieser ihnen jedoch durch Verfügung von Todes wegen entzogen worden ist. Erbersatzanspruch und Erbteil werden im Pflichtteilsrecht also gleichbehandelt, § 2338a.

F_2 Beim Tode des Erblassers, der den X zum Alleinerben eingesetzt hat, leben sein Bruder B, seine Frau F, sein eheliches Kind K, sein nichteheliches Kind N und sein Vater V. Wer ist pflichtteilsberechtigt?

A_2 B ist nicht pflichtteilsberechtigt, da er nicht zu den in § 2303 I u. II genannten Personen gehört.
Die F ist gemäß § 2303 II 1 pflichtteilsberechtigt.
K ist gemäß § 2303 I 1 pflichtteilsberechtigt.
N ist ebenfalls pflichtteilsberechtigt, denn nach § 2338a zählt das nichteheliche Kind auch dann zu den pflichtteilsberechtigten Personen, wenn es nach gesetzlicher Erbfolge keinen Erbteil, sondern nur einen Erbersatzanspruch (§ 1934a) erhielte.
V ist gemäß § 2309 nicht pflichtteilsberechtigt, da K und N, die ihn im Falle einer gesetzlichen Erbfolge nach § 1930 ausschließen würden, den Pflichtteil verlangen können.

I_3 Der Pflichtteilsanspruch ist ein Geldanspruch in Höhe der *Hälfte des Wertes* des gesetzlichen Erbteils bzw. Erbersatzanspruchs, § 2303 I 2. Es ist daher zunächst festzustellen, zu welcher Quote der Pflichtteilsberechtigte bei gesetzlicher Erbfolge Erbe wäre. Dabei sind auch die Personen mitzuzählen, die wegen Enterbung, Erbausschlagung (§ 1953, dazu Kap. IX, I_1) oder Erbunwürdigkeit (§§ 2339ff.) nicht erben, § 2310 S. 1. Nicht mitzuzählen sind dagegen die Personen, die auf ihren Erbteil verzichtet haben, § 2310 S. 2. § 2310 hat das Ziel, den Pflichtteilsberechtigten persönliche Ausschließungsgründe potentieller Miterben nicht zugute kommen zu lassen; im Falle des Verzichts darf hingegen davon ausgegangen werden, daß der Verzichtende schon vor dem Verzicht abgefunden worden ist.

F_3 Beim Tode des Erblassers E leben seine Schwester S, seine Frau F, seine Kinder A, B und C und sein Vater V. Die F hat auf ihr Erbrecht verzichtet. A schlägt die Erbschaft aus, B wird für erbunwürdig erklärt.
In welcher Höhe ist C pflichtteilsberechtigt, wenn E ihn enterbt hat?

A_3 Gesetzliche Erben wären neben C die F sowie A und B. Die F ist jedoch gemäß § 2310 S. 2 bei der Feststellung des für die Berechnung des Pflichtteils maßgebenden Erbteils wegen Erbverzichts nicht mitzuzählen; anders A und B, § 2310 S. 1. Der gesetzliche Erbteil des C betrüge dann nach § 1924 IV 1/3. Sein Pflichtteil beträgt also 1/6 des Nachlaßwertes.
(V und S wären nach § 1930 von der gesetzlichen Erbfolge ausgeschlossen und spielen daher für die Berechnung des Pflichtteils des C von vornherein keine Rolle.)

I_4 Der Berechnung des Pflichtteils ist der Wert des Nachlasses *im Zeitpunkt des Erbfalls* zugrunde zu legen, § 2311. Wertsteigerungen und Wertminderungen nach dem Erbfall bleiben unberücksichtigt. Der Pflichtteilsanspruch kann also je nach dem, ob der Nachlaßwert später sinkt oder steigt, eine größere oder geringere wirtschaftliche Beteiligung am Nachlaß bedeuten.

B Steigen die Aktien, die das wesentliche Vermögen des Erblassers ausmachen, von einem Kurs von 100 auf 400, so nimmt der Pflichtteilsberechtigte an diesem Vermögenszuwachs nicht teil; fallen sie von 400 (z. Z. des Erbfalles) auf 100, so nimmt der Pflichtteilsberechtigte an der Wertminderung nicht teil, so daß der Pflichtteil sogar die gesamte Erbschaft aufzehren kann.

Der *Nachlaßwert* ergibt sich nach Abzug der aus dem Nachlaß zu berichtigenden Passiva von den Aktiva. Zu diesen Passiva gehören insbesondere die Schulden, die vom Erblasser herrühren, § 1967 II (Einzelheiten in Kap. IX, I_8 ff.). Nicht abgezogen werden die Verbindlichkeiten aus Pflichtteilsrechten, ferner die aus Vermächtnissen und aus Auflagen; letzteres erklärt sich daraus, daß der Erblasser nicht die Möglichkeit haben soll, den Wert des Pflichtteils durch Anordnungen von Todes wegen zu mindern. (Daß Pflichtteilsansprüche den Ansprüchen aus Vermächtnissen und Auflagen vorgehen, ergibt sich auch aus § 226 II Nr. 4 u. 5 KO.)

F_4 Erblasser E schreibt in seinem Testament: „Mein Sohn S soll Alleinerbe sein, meine Tochter A soll nichts bekommen, meiner Tochter B vermache ich mein Sparguthaben." Als E starb, betrug sein Aktivvermögen 62.000,– DM; davon standen 2.000,– DM auf dem Sparbuch. E schuldete dem F noch 20.000,– DM aus Darlehen. Die A will wissen, wie hoch ihr Pflichtteil ist.

A_4 A ist pflichtteilsberechtigt gemäß § 2303 I 1.
Bei gesetzlicher Erbfolge wäre der Bruchteil für A gemäß § 1924 IV 1/3 des Nachlasses. Ihr Pflichtteil beträgt demnach 1/6 des Nachlaßwertes. Der Nachlaßwert ergibt sich nach Abzug der Passiva von den Aktiva. Nicht abzuziehen sind dabei der Anspruch der B aus dem Vermächtnis und dem Pflichtteilsrecht. Der Nachlaßwert beträgt somit 42.000,– DM. Die A bekommt also 1/6 von 42.000,– DM = 7.000,– DM.

I_5 Hat der Erblasser dem Pflichtteilsberechtigten durch Rechtsgeschäft unter Lebenden etwas *zugewandt* und haben beide *vereinbart*, daß die Zuwendung auf den Pflichtteil *angerechnet* werden soll (§ 2315 I), so ist sie in der folgenden Weise anzurechnen: Der Nachlaßwert (N) wird um den Wert der Zuwendung (Z) rechnerisch erhöht, § 2315 II 1; von dieser Summe ausgehend wird mittels der Pflichtteilsquote (q) der Pflichtteil errechnet und davon das Zugewandte abgezogen; das Resultat ergibt den Pflichtteilsanspruch (A).
Es gilt also: $A = (N + Z) \times q - Z$.

(Nach § 2316, der auf §§ 2050 ff. Bezug nimmt, wird in einigen Fällen bei der Berechnung des Pflichtteils eine Zuwendung auch *ohne* Anrechnungsvereinbarung berücksichtigt; es handelt sich um sogenannte *ausgleichspflichtige* Zuwendungen, i. d. R. Ausbildungskosten und Aussteuer; Voraussetzungen und Berechnungsverfahren werden in Kap. X, I_{15} i. V. m. I_{12-14}, erklärt.)

F_5 Erblasser E hat seine Frau F, mit der er in Zugewinngemeinschaft lebte, zur Alleinerbin über sein Vermögen von 40.000,– DM eingesetzt und seinen 25jährigen Sohn S nicht bedacht. Zwei Jahre vor seinem Tode hatte er dem S seine Briefmarkensammlung im Werte von 8.000,– DM geschenkt. Beide waren sich einig, daß sie auf den Pflichtteil des S angerechnet werden sollte.

a) Wie hoch ist der Pflichtteilsanspruch des S?

b) Wie hoch wäre der Pflichtteilsanspruch, wenn E die Absicht, daß die Schenkung auf den Pflichtteil des S angerechnet werden soll, nicht zu erkennen gegeben hätte?

A_5 a) S ist pflichtteilsberechtigt gemäß § 2303 I. Sein gesetzlicher Erbteil beträgt wegen §§ 1931 I, 1371 I 1/2 des Nachlasses, sein Pflichtteilsanspruch also 1/4 des Nachlaßwertes. Der Nachlaßwert zur Zeit des Erbfalls betrug 40.000,– DM. Er ist gemäß § 2315 II 1 um den Wert der Zuwendung (8.000,– DM) rechnerisch zu erhöhen. Der Pflichtteil des S beträgt also 1/4 von 48.000,– DM = 12.000,– DM. S muß sich aber die 8.000,– DM anrechnen lassen, hat also nur noch einen Pflichtteilsanspruch in Höhe von 4.000,– DM.

b) Wenn E die Anrechnungsabsicht nicht geäußert hat, ist bei der Berechnung des Pflichtteilsanspruchs des S nicht vom rechnerisch erhöhten, sondern vom tatsächlichen Nachlaßwert auszugehen, da gemäß § 2315 I nur diejenigen Zuwendungen anzurechnen sind, bei denen die Anrechnung vereinbart ist. S hat in diesem Fall also einen Pflichtteilsanspruch in Höhe von 10.000,– DM.

I_6 Schuldner des Pflichtteilsanspruchs ist gemäß § 2303 I 1 der Erbe. Mehrere Erben haften als Gesamtschuldner, § 2058. Ein Miterbe, der selbst pflichtteilsberechtigt ist, kann nach § 2319 die Befriedigung eines anderen Pflichtteilsberechntigten soweit verweigern, daß ihm sein eigener Pflichtteil verbleibt. Er braucht also fremden Pflichtteil nicht auf Kosten des eigenen zu erfüllen. (Daß die Einrede aus § 2319 erst von der Teilung des Nachlasses an gilt, hängt mit Besonderheiten der Miterbenhaftung zusammen; darüber unten Kap. X, I_{16} f.)

F_6 Der unverheiratete E hat seine Eltern V und M zu gleichen Teilen zu Erben eingesetzt. Nachdem V und M den Nachlaß unter sich aufgeteilt haben, verlangt N, der nichteheliche Sohn des E, von der M die Auszahlung seines Pflichtteils. Die M verweigert die Zahlung mit dem Hinweis darauf, daß von ihrem Erbteil ja nichts übrig bleiben würde.
Ist der Anspruch des N begründet?

A_6 N wäre gemäß §§ 1924 I, 1930 alleiniger gesetzlicher Erbe. Er ist durch die Erbeinsetzung von V und M von der Erbfolge ausgeschlossen und daher nach § 2303 I pflichtteilsberechtigt. Sein Anspruch beträgt die Hälfte des Nachlaßwertes. Die M haftet hierfür nach §§ 2303 I 1, 2058 als Gesamtschuldnerin. Wenn die M diese Verpflichtung gegenüber N erfüllt, bleibt ihr also vom Nachlaßwert zunächst nichts; sie kann jedoch von V nach § 426 I 1 Ausgleich verlangen. Eine Einrede aus § 2319 steht der M nicht zu, da sie selbst nicht pflichtteilsberechtigt ist. Zwar können auch Eltern pflichtteilsberechtigt sein, jedoch nur, wenn sie nach der gesetzlichen Erbfolge zu Erben berufen wären.
(Falls Sie angenommen haben, der N sei nicht gesetzlicher Erbe, sondern nur erbersatzberechtigt und infolgedessen nicht nach § 2303 I, sondern nach § 2338 a pflichtteilsberechtigt, so wiederholen Sie bitte Kap. II, I_{11}. Falls Sie der M die Einrede aus § 2319 gegeben haben in der Annahme, der M müsse wenigstens ihr eigener Pflichtteil erhalten bleiben, so lesen Sie bitte in diesem Kapitel noch einmal I_2 mit dem dazugehörigen Fall.)

I_7 Der Pflichtteilsanspruch ist ein schuldrechtlicher Anspruch auf Geldzahlung. Er entsteht mit dem Tode des Erblassers (§ 2317 I) und verjährt in drei Jahren von dem Zeitpunkt an, in welchem der Pflichtteilsberechtigte von dem Eintritt des Erbfalls und von der ihn beeinträchtigenden Verfügung des Erblassers Kenntnis erlangt, spätestens jedoch in 30 Jahren vom Erbfall an, § 2332 I. Der Anspruch ist gemäß § 2317 II vererblich und übertragbar.

F_7 Lesen Sie § 2331 a. Überlegen Sie, warum der Gesetzgeber eine solche Stundungsmöglichkeit geschaffen hat.

A_7 Da der Pflichtteilsanspruch unmittelbar mit dem Erbfall entsteht und schon nach drei Jahren verjährt, ist der Erbe als Schuldner des Pflichtteilsanspruchs durch den Zwang zu rascher Befriedigung stark belastet. Er muß u. U. Teile des Nachlasses verkaufen (z. B. das einzige Haus), was für ihn eine ungewöhnliche Härte bedeuten würde. Beachten Sie aber: § 2331 a gilt nur für den Erben, der selbst pflichtteilsberechtigt ist.

I_8 Ist der Pflichtteilsberechtigte zum Erben berufen, so steht ihm kein Anspruch aus § 2303 zu. Dies gilt auch dann, wenn sein *Erbteil* im Wert *geringer* ist, als sein *Pflichtteil* wäre. Er hat in diesem Fall jedoch einen *Pflichtteilsrestanspruch* in Höhe der Differenz zwischen dem Wert des Erbteils und dem Pflichtteil, § 2305.

Ist der dem Pflichtteilsberechtigten zugewandte Erbteil *geringer* oder *gleich* der Hälfte des gesetzlichen Erbteils, ist er jedoch durch die Anordnung einer Nacherbfolge, durch die Ernennung eines Testamentsvollstreckers, durch ein Vermächtnis oder durch ähnliche Beschränkungen *belastet,* so gelten diese Beschränkungen als *nicht angeordnet,* § 2306 I 1.

Ist der hinterlassene Erbteil *größer,* aber mit den genannten Beschränkungen *belastet,* so kann der Pflichtteilsberechtigte *wählen,* ob er den *Erbteil mit* den Beschränkungen *annehmen* oder aber *ausschlagen* und den *Pflichtteil verlangen* will, § 2306 I 2.

Ein Pflichtteilsberechtigter, der *nicht* zum *Erben* berufen, aber mit einem *Vermächtnis* bedacht ist, kann ebenfalls *wählen* zwischen der Annahme des Vermächtnisses und dem Pflichtteil, § 2307 I 1; schlägt er das Vermächtnis nicht aus, so hat er einen Pflichtteilsrestanspruch in Höhe der Differenz zwischen dem Wert des Vermächtnisses und dem Pflichtteil, § 2307 I 2.

Das Gemeinsame der §§ 2305–2307 liegt darin, daß sie dem Pflichtteilsberechtigten garantieren, auf jeden Fall in Höhe seines Pflichtteils am Nachlaßwert beteiligt zu werden.

F_8 Welche Rechte aus §§ 2305–2307 hat der Pflichtteilsberechtigte P, einziges Kind des Witwers W, der einen Nachlaß im Wert von 200.000,– DM hinterlassen hat, wenn

a) P nur zu 1/4 zum Erben eingesetzt ist,

b) P zu 1/2 zum Erben und X zu seinem Nacherben eingesetzt ist,

c) P zu 2/3 zum Erben und X zu seinem Nacherben eingesetzt ist,

d) P enterbt ist, aber mit einem Vermächtnis im Wert von 10.000,– DM bedacht ist?

A_8 P wäre alleiniger gesetzlicher Erbe; sein Pflichtteil beträgt also die Hälfte des Nachlaßwertes = 100.000,– DM.

a) P erhält zusätzlich zu seinem Erbteil einen Pflichtteilsrestanspruch in Höhe von 50.000,– DM, § 2305;

b) die Nacherbschaft gilt als nicht angeordnet, § 2306 I 1;

c) P hat die Wahl, die Vorerbschaft anzunehmen oder seinen Pflichtteil zu verlangen, § 2306 I 2;

d) P hat die Wahl, ob er das Vermächtnis annehmen und 90.000,– DM als Pflichtteilsrestanspruch verlangen oder das Vermächtnis ausschlagen und den vollen Pflichtteilsanspruch verlangen will, § 2307 I.

I_9 Da der Pflichtteilsanspruch sich nach dem Nachlaßwert zur Zeit des Erbfalls richtet, kann der Erblasser durch Schenkungen unter Lebenden den Pflichtteilsanspruch entwerten. § 2325 gibt den Pflichtteilsberechtigten in diesen Fällen als Ausgleich einen *Pflichtteilsergänzungsanspruch.* Schenkungen, die mehr als 10 Jahre vor dem Erbfall gemacht sind, bleiben hierbei außer Betracht, ausgenommen Schenkungen unter Ehegatten, § 2325 III.
Auch ein Erbe kann Pflichtteilsergänzung verlangen, und zwar auch dann, wenn ihm die Hälfte oder mehr als die Hälfte des gesetzlichen Erbteils hinterlassen worden ist, er also weder einen Pflichtteilsanspruch noch einen Pflichtteilsrestanspruch hat, § 2326.
Schuldner des Pflichtteilsergänzungsanspruchs ist in erster Linie der Erbe. Er kann jedoch nach § 2328 die Pflichtteilsergänzung soweit verweigern, daß ihm sein eigener Pflichtteil und das, was ihm aufgrund eines Pflichtteilsergänzungsanspruchs zustehen würde, verbleibt. Soweit der Erbe die Erfüllung des Pflichtteilsergänzungsanspruchs verweigern kann, richtet sich der Anspruch gegen den Beschenkten, § 2329 I 1.

F_9 E hat in seinem Testament seinen Sohn S zu 2/3 und seine Tochter T zu 1/3 zu Erben eingesetzt. Der Nachlaßwert beträgt 90.000,– DM. Zwei Jahre vor seinem Tode hatte E dem Roten Kreuz 110.000,– DM geschenkt. S und T fragen, ob und von wem sie Pflichtteilsergänzung verlangen können.

A_9 Wenn S und T nicht Erben wären, hätten sie nach § 2303 I einen Pflichtteilsanspruch in Höhe von je 22,500,– DM. Da E innerhalb der letzten zehn Jahre vor dem Erbfall einem Dritten eine Schenkung in Höhe von 110.000,– DM gemacht hat, hätten S und T außerdem einen Pflichtteilsergänzungsanspruch in Höhe von jeweils 27.500,– DM, § 2325 I. Auch Erben können Pflichtteilsergänzung verlangen, jedoch nur soweit, als das ihnen Hinterlassene hinter dem Wert dessen zurückbleibt, was ihnen aufgrund ihres Pflichtteils und Pflichtteilsergänzungsanspruchs zustände, § 2326 S. 2. Da S im Werte von 60.000,– DM am Nachlaß beteiligt ist, steht ihm kein Pflichtteilsergänzungsanspruch zu. Der T sind hingegen nur 30.000‘- DM zugewandt worden, so daß sie nach §§ 2325 I, 2326 noch 20.000,– DM verlangen kann. Der Anspruch richtet sich zunächst gegen den Miterben S. S kann die Zahlung von mehr als 10.000,– DM an die T nach § 2328 verweigern, da ihm sonst sein eigener Pflichtteil mit Einschluß dessen, was ihm als Pflichtteilsergänzung zustehen würde, nicht erhalten bliebe. Soweit S den Pflichtteilsergänzungsanspruch der T nicht erfüllen muß, also in Höhe der restlichen 10.000,– DM, hat die T einen Anspruch gegen das Rote Kreuz, sofern dessen Bereicherung nicht weggefallen ist, §§ 2329 I 1, 818 II u. III.

I_{10} Bei der Bestimmung des Pflichtteilsanspruchs eines *Ehegatten*, der mit dem Erblasser im gesetzlichen Güterstand der *Zugewinngemeinschaft* gelebt hat, ist § 1371 zu beachten.

Wird der überlebende Ehegatte gesetzlicher *Erbe*, so wird (vgl. oben Kap. II, I_8) der Zugewinnausgleich pauschal dadurch verwirklicht, daß sich der dem Ehegatten nach § 1931 zustehende Erbteil um ein Viertel der Erbschaft erhöht, § 1371 I (*erhöhter* gesetzlicher Erbteil).

Wird der überlebende Ehegatte *weder* als *Erbe noch* als *Vermächtnisnehmer* am Nachlaß beteiligt, so wird nach § 1371 II der Zugewinnausgleich, wie in den übrigen Fällen der Beendigung der Zugewinngemeinschaft, z. B. bei Scheidung, nach den §§ 1373ff., insbesondere § 1378 I, verwirklicht. *Neben* dieser Zugewinnausgleichsforderung steht dem Ehegatten gemäß § 2303 II ein Pflichtteilsanspruch zu. Die Höhe dieses Anspruchs richtet sich aber nur nach *dem* gesetzlichen Erbteil, der dem Ehegatten gemäß § 1931 zusteht (*nicht erhöhter* gesetzlicher Erbteil, § 1371 II, 2. Halbsatz); die Erhöhung des gesetzlichen Erbteils gemäß § 1371 I bleibt in diesem Fall also außer Betracht. Man spricht hier vom *„kleinen Pflichtteil"*. Bei der Berechnung des Pflichtteilsanspruchs ist der Zugewinnausgleichsanspruch aus § 1378 I wie sonstige Nachlaßverbindlichkeiten zuvor vom Nachlaß abzuziehen.

F_{10} Erblasser E hat seinen Sohn S zum Alleinerben eingesetzt. Sein Nachlaß hat einen Wert von 200.000,– DM. Der Zugewinnausgleichsanspruch seiner Witwe F gemäß § 1378 I beträgt 40.000,– DM. Wie hoch ist ihr „kleiner Pflichtteil"?

A_{10} Der „kleine Pflichtteil" beträgt gemäß §§ 2303 I 2, 1931 I 1, 1371 II, 2. Halbsatz, 1/8 des Wertes des Nachlasses, von dem zuvor der Zugewinnausgleichsanspruch der F abzuziehen ist: (200.000,– DM–40.000,– DM) x 1/8 = 20.000,– DM. (Die F bekommt also insgesamt 60.000,– DM.)

I_{11} Wird der überlebende Ehegatte als Erbe oder als Vermächtnisnehmer *am Nachlaß beteiligt,* so kann ihm ein Pflichtteilsrestanspruch gemäß §§ 2305, 2307 I 2 zustehen; das setzt voraus, daß der Wert des Zugewandten geringer ist, als sein Pflichtteil wäre (s. o. I_8). Bei der Berechnung des Pflichtteils ist in diesem Falle, weil *kein* güterrechtlicher Zugewinnausgleich durchgeführt wird, von dem nach § 1371 I *erhöhten* gesetzlichen Erbteil auszugehen (*„großer Pflichtteil"*).

F_{11} Im Falle F_{10} hat E den S zu 9/10 und die F zu 1/10 zu Erben eingesetzt. Wie hoch ist der Pflichtteilsrestanspruch der F aus § 2305?

A_{11} Der Anspruch aus § 2305 geht auf die Differenz zwischen dem Wert des Zugewandten (hier 20.000,– DM) und dem vom erhöhten gesetzlichen Erbteil berechneten „großen" Pflichtteil (gemäß § 2303 i. V. m. §§ 1931 I 1, 1371 I 50.000,– DM), also 30.000,– DM. (Die F bekommt hier also insgesamt 50.000,– DM.)

I_{12} Aus der Lösung von F_{10} und F_{11} ersehen Sie, daß es bei relativ hohem Zugewinnausgleichsanspruch für den überlebenden Ehegatten günstiger sein kann, überhaupt nicht bedacht zu werden.

Ist dem Ehegatten nur ein *Vermächtnis* zugewandt, so kann er, wie jeder andere Pflichtteilsberechtigte auch, nach § 2307 I 1 das Vermächtnis ausschlagen (s. o. I_8). Er ist dann nicht bedacht und hat die Ansprüche aus § 1371 II (Zugewinnausgleich und kleiner Pflichtteil). Ist der Ehegatte *Erbe,* kann er dasselbe Ergebnis nach § 1371 III dadurch erreichen, daß er die Erbschaft ausschlägt. Der *bedachte* Ehegatte hat also die *Wahl* zwischen kleinem Pflichtteil plus Zugewinnausgleich einerseits und dem Zugewandten plus Pflichtteilsrestanspruch, der nach dem großen Pflichtteil zu berechnen ist, andererseits.Umstritten ist, ob auch dem *nichtbedachten* Ehegatten ein entsprechendes Wahlrecht zwischen kleinem Pflichtteil plus Zugewinnausgleich einerseits und großem Pflichteil andererseits zusteht. Die h. M. lehnt dieses Wahlrecht ab, beschränkt den nichtbedachten Ehegatten also auf die Rechte aus § 1371 II (BGHZ 42, 182 (184ff.), a. A. Lange NJW 1965, 369).

F_{12} Im Falle F_{11} soll der Zugewinnausgleichanspruch der F nur 20.000,– DM betragen. Würden Sie ihr raten, die Erschaft auszuschlagen?

A_{12} Nein; bei Ausschlagung bekäme sie nach § 1371 III u. II den Zugewinnausgleichsanspruch (20.000,– DM) und den kleinen Pflichtteil, der nach §§ 2303, 1931 I 1, 1371 II 1/8 von 180.000,– DM = 22.500,– DM beträgt. Schlägt sie nicht aus, bekommt sie 50.000,– DM, vgl. A_{11}.

Kapitel IX

DIE RECHTSSTELLUNG DES ERBEN

I_1 Das Vermögen des Erblassers geht mit dem Erbfall auf den Erben über, ohne daß es einer Handlung, insbesondere einer Willenserklärung, des Erben bedarf. Diesen automatischen Übergang des Vermögens nennt man *Anfall* der Erbschaft, vgl. § 1942 I.

Da jedoch niemandem ein Nachlaß aufgedrängt werden soll, den er nicht haben will – man denke z. B. an den Fall der Überschuldung des Nachlasses –, ist dem Erben die Möglichkeit gegeben, die Erbschaft *auszuschlagen*, § 1942 I.

Die Ausschlagung ist eine Willenserklärung, die den Anfall der Erbschaft rückwirkend beseitigt, § 1953 I. Schlägt der zunächst Berufene aus, so fällt die Erbschaft – ebenfalls rückwirkend auf den Zeitpunkt des Erbfalls – demjenigen an, der zur Erbfolge berufen gewesen wäre, wenn der Ausschlagende z. Z. des Erbfalls schon nicht mehr gelebt hätte, § 1953 II, also dem Ersatzerben oder dem nächsten gesetzlichen Erben.

B Unternehmer M, der vor dem Bankrott steht, war von seiner Frau F testamentarisch zum Alleinerben eingesetzt worden. Um das Vermögen der F vor dem Zugriff seiner Gläubiger zu schützen und den gemeinsamen Kindern K_1 und K_2 zu erhalten, schlägt M die Erbschaft aus. Erben der F sind dann gemäß §§ 1953 II, 1924 I K_1 und K_2.

I_2 Die Ausschlagung kann frühestens mit dem Erbfall erfolgen, § 1946; sie muß spätestens sechs Wochen nach dem Zeitpunkt erklärt werden, zu dem der Erbe erfährt, daß und aus welchem Grund (gesetzliche Erbfolge, Testament oder Erbvertrag) ihm die Erbschaft angefallen ist, § 1944 I und II S. 1. Die Ausschlagung ist gegenüber dem Nachlaßgericht zu erklären, § 1945 I. Stirbt der zur Ausschlagung Berechtigte innerhalb der Ausschlagungsfrist, so kann dessen Erbe die Ausschlagung erklären, § 1952 I. Eine bedingte oder befristete Ausschlagung ist nicht zulässig, § 1947.

F_2 M hatte sein einziges Kind, den unverheirateten und kinderlosen S, zum Erben eingesetzt und seine Frau F, die Mutter des S, enterbt. Sieben Wochen nach dem Tod des M stirbt auch S, ohne ein Testament zu hinterlassen. Die F, die ebensowenig wie S von dem Testament des M Kenntnis hatte, erfährt nach weiteren vier Wochen durch das Nachlaßgericht vom Inhalt der letztwilligen Verfügung. Aus Ärger will sie nun die Erbschaft nach M ausschlagen. Kann sie das noch?

A_2 Ja. Zwar ist die F nicht Erbin des M. Aber das Ausschlagungsrecht des S ist, da sie nach § 1925 I und III 2 gesetzliche Erbin des S ist, auf sie übergegangen, § 1952 I. Die Ausschlagungsfrist von sechs Wochen ist noch nicht abgelaufen. Zwar hatte S sich in Unkenntnis des Testaments schon sieben Wochen lang als gesetzlicher Erbe des M betrachtet. Die Frist beginnt jedoch nicht vor Erlangung der Kenntnis vom Berufungsgrund (§ 1944 II 1), hier also nicht vor der Benachrichtigung über die testamentarische Erbeinsetzung des S durch den M.

I_3 Obwohl es zum Erwerb der Erbschaft einer Annahmeerklärung des Erben nicht bedarf, ist eine solche Erklärung nicht bedeutungslos: Die *Annahme* der Erbschaft führt zum Verlust des Ausschlagungsrechtes, § 1943.

Annahme der Erbschaft ist die formlose und nicht empfangsbedürftige Erklärung, endgültig Erbe sein zu wollen. In der Regel liegt sie in schlüssigen Handlungen, z. B. Verwendung von Nachlaßgegenständen für eigene Zwecke, Beantragung eines Erbscheins, Fortführung eines vom Erblasser begonnenen Prozesses usw. Bloße Fürsorgemaßnahmen zur Erhaltung von Nachlaßgegenständen enthalten keine Annahmeerklärung; zu solchen Maßnahmen ist der *vorläufige Erbe*, d. h. der zunächst berufene Erbe vor der Ausschlagung, dem *endgültigen Erben* gegenüber nach den Regeln der Geschäftsführung ohne Auftrag berechtigt und verpflichtet, § 1959 I.

F_3 Der alleinlebende E hatte den S zum Alleinerben eingesetzt. Da die Wohnung des E geräumt werden mußte, holte S eine Woche nach dem Erbfall den Hausrat des E zu sich. Drei Wochen nach dem Erbfall verschenkte er ein zum Nachlaß gehörendes Fernsehgerät. Konnte S

a) vierzehn Tage nach dem Erbfall,

b) vier Wochen nach dem Erbfall noch ausschlagen?

A_3 S konnte nicht mehr ausschlagen, sobald er angenommen hatte. Die Sicherstellung des Hausrats stellt als fürsorgliche Maßnahme zur Erhaltung des Nachlasses noch keine Annahmeerklärung dar. Zum Zeitpunkt a) war Ausschlagung daher noch möglich. Wenn S dagegen Nachlaßgegenstände verschenkt, führt er sich als endgültiger Erbe auf, erklärt also konkludent die Annahme. Zum Zeitpunkt b) war Ausschlagung daher nicht mehr möglich, § 1943.

I_4 Für Annahme und Ausschlagung der Erbschaft gelten die *Anfechtungsgründe* der §§ 119ff. Häufigster Anfechtungsgrund ist der Irrtum über die Überschuldung des Nachlasses, der als Irrtum über eine verkehrswesentliche Eigenschaft anzusehen ist.

Hat der zur Ausschlagung Berechtigte die Ausschlagungsfrist unbewußt verstreichen lassen, so gilt dies nach § 1943 a. E. als Annahmeerklärung. Wenn der Ausschlagungsberechtigte sich über diese Bedeutung seines Schweigens geirrt hat, so ist die fingierte Annahmeerklärung ausnahmsweise, wie sich aus § 1956 ergibt, nach § 119 I anfechtbar.

Form, Frist und Wirkung der Anfechtung sind abweichend von den Vorschriften des Allgemeinen Teils geregelt. Lesen Sie §§ 1954 I, II 1 und IV sowie 1955 und 1957 I.

F_4 Infolge falscher Rechtsauskunft glaubt der Erbe E, eine Ausschlagungsfrist von sechs Monaten zu haben. Als er zwei Monate nach Erlangung der Kenntnis von seiner testamentarischen Erbeinsetzung gegenüber dem Nachlaßgericht die Ausschlagung erklären will, wird er auf die Fristversäumnis hingewiesen.

Kann E noch von der Erbschaft loskommen?

A_4 Ja. Das unbewußte Verstreichenlassen der Ausschlagungsfrist gilt als Annahme (§ 1943), die aber nach § 1956 angefochten werden kann. Anfechtungsgrund ist § 119 I, da E sich über die Bedeutung seines Schweigens geirrt hat; E kann binnen sechs Wochen nach Entdeckung seines Irrtums (§ 1954 I u. II 1) durch Erklärung gegenüber dem Nachlaßgericht anfechten. Die Anfechtung der Annahme gilt zugleich als Ausschlagung (§ 1957 I), so daß E nach rechtzeitiger Anfechtung nicht mehr Erbe ist, § 1953 I.

Zur Wiederholung und Vertiefung der erbrechtlichen Anfechtungsregeln (§§ 2078ff., 2281ff. u. 1954ff.) lesen Sie bitte: H. Westermann, Einheit und Vielfalt der Wertungen in der Irrtumslehre, JuS 1964, 167ff. (174–176).

I_5 Dem Erben stehen zur Durchsetzung seiner Rechte gegen diejenigen, die ihm Nachlaßgegenstände vorenthalten, die allgemeinen Herausgabeansprüche zu, insbesondere der aus § 985. Daneben gewährt ihm § 2018 den *Erbschaftsanspruch*, d. h. einen Herausgabeanspruch gegen den Erbschaftsbesitzer. *Erbschaftsbesitzer* ist, wer aufgrund eines ihm in Wirklichkeit nicht zustehenden Erbrechts etwas aus dem Nachlaß erlangt hat. Der Erbschaftsbesitzer maßt sich also eine Erbenstellung an; er kann dabei gut- oder bösgläubig sein.

B F, die Ehefrau des M, die sich als dessen gesetzliche Erbin betrachtet, nimmt nach dem Erbfall alle Sachen des M an sich in Unkenntnis des notariellen Testaments, in dem M seinen Bruder B zum Alleinerben eingesetzt hat. Die F ist gutgläubige Erbschaftsbesitzerin.
Abwandlung: Die F, die sofort nach dem Erbfall das privatschriftliche Testament des M, in dem er B zum Erben eingesetzt hatte, gefunden und vernichtet hat, nimmt die Sachen des M an sich. Hier ist die F bösgläubige Erbschaftsbesitzerin.

Kein Erbschaftsbesitzer und demnach nicht Schuldner des Anspruchs aus § 2018 ist, wer einen Nachlaßgegenstand nicht aufgrund angemaßter Erbenstellung, sondern aus anderen Gründen in Besitz genommen hat, z. B. als Dieb, als Entleiher, als Vermächtnisnehmer. Gegen solche Besitzer kommen für den Erben nur Ansprüche nach den allgemeinen Vorschriften, also aus Vertrag, Delikt, Besitz, Eigentum, GoA und Bereicherung in Betracht. Gegen den Erbschaftsbesitzer hingegen stehen dem Erben solche Ansprüche *neben* dem Erbschaftsanspruch zu.

I_6 Der Anspruch aus § 2018 richtet sich auf alles, was der Erbschaftsbesitzer als solcher tatsächlich erlangt hat, u. U. also auf den gesamten Nachlaß. Allerdings muß der Erbe, wenn er den Anspruch einklagt, gleichwohl die einzelnen Gegenstände angeben, die er vom Erbschaftsbesitzer herausverlangt, weil andernfalls das Gericht kein vollstreckungsfähiges Urteil formulieren könnte. Da der Erbe u. U. nicht weiß, was alles zum Nachlaß gehört und demzufolge vom Erbschaftsbesitzer herausverlangt werden kann, hat er einen Anspruch auf Auskunft gegen den Erbschaftsbesitzer gemäß §§ 2027 I, 260.

Die besondere Bedeutung des Erbschaftsanspruchs gegenüber Einzelansprüchen aus § 985 liegt vor allem in folgendem: Der Anspruch aus § 2018 richtet sich nicht nur auf Herausgabe des Besitzes, sondern auf Herausgabe aller Positionen, die der Erbschaftsbesitzer erlangt hat, z. B. auch einer unrichtigen Grundbuchposition.

Der Anspruch aus § 2018 setzt nicht Eigentum des Erben voraus; auch eine vom Erblasser nur gemietete oder entliehene Sache kann der Erbe vom Erbschaftsbesitzer herausverlangen.

F_6 Nennen Sie den Unterschied zwischen den Ansprüchen aus §§ 985 und 2018 in bezug auf

a) die Beziehung des Klägers zum Anspruchsgegenstand,

b) die Beziehung des Beklagten zum Anspruchsgegenstand,

c) den Umfang des Anspruchs.

A_6 a) Bei § 985 muß der Kläger Eigentümer sein, bei § 2018 muß er Erbe, aber nicht notwendig Eigentümer sein.

b) Bei § 985 muß der Beklagte Besitzer einer Sache sein, bei § 2018 muß er Erbschaftsbesitzer sein, das heißt aufgrund eines ihm in Wirklichkeit nicht zustehenden Erbrechts etwas aus dem Nachlaß erlangt haben.

c) § 985 ist nur auf Herausgabe von Sachen gerichtet, § 2018 geht hingegen auf Herausgabe von allem, was der Erbschaftsbesitzer aus dem Nachlaß erlangt hat.

I_7 Der Erbschaftsanspruch hat das Ziel, dem Erben nicht nur sämtliche dem Erblasser gehörenden Gegenstände, sondern vor allem den vollen Wert des Nachlasses zu sichern. Dem dienen – ähnlich wie bei der Nacherbschaft (vgl. Kap. IV, I_{15}) – dingliche Surrogation (§ 2019 I), Wertersatz (§ 2021), Schadensersatz (§§ 2023–25) und darüberhinaus die Pflicht zur Herausgabe aller gezogenen Nutzungen (§ 2020).

Die Einzelheiten der Schadensersatzpflicht in §§ 2023–25 sind in Anlehnung an die entsprechenden Vorschriften des Eigentümer-Besitzer-Verhältnisses (§§ 989f., 992) geregelt.

Zu beachten ist, daß die Vorschriften über Inhalt und Umfang der Haftung des Erbschaftsbesitzers, also die §§ 2019–26, auch für die Einzelansprüche des Erben gegen den Erbschaftsbesitzer maßgeblich sind, § 2029. Der Erbe hat also z. B. neben dem Anspruch aus §§ 2018ff. einen Anspruch aus §§ 985, 2019 auf Herausgabe eines Surrogats; der gutgläubige Erbschaftsbesitzer kann nicht nur gegenüber dem Anspruch aus § 2018, sondern auch gegenüber dem Anspruch aus § 985 ein Zurückbehaltungsrecht wegen aller Verwendungen nach 2022 geltend machen.

F_7 Kommt es gegenüber einem Erbschaftsbesitzer auf die Entscheidung der Streitfrage an, ob § 281 auf den Anspruch aus § 985 anzuwenden ist?

A_7 Nein. Der Umfang der Haftung des Erbschaftsbesitzers richtet sich, auch wenn der Erbe Einzelansprüche geltend macht, nach §§ 2019ff. Die Pflicht zur Herausgabe von Surrogaten bestimmt sich daher immer nur nach §§ 2018, 2019.

I_8 Der Erbe haftet für die *Nachlaßverbindlichkeiten*, § 1967 I.
Nachlaßverbindlichkeiten sind zunächst die von dem Erblasser herrührenden Schulden, § 1967 II, die ja im Wege der Universalsukzession auf den Erben übergehen (sog. *Erblasserschulden*).
Nachlaßverbindlichkeiten sind ferner die – wie § 1967 II sich ausdrückt – „den Erben als solchen treffenden Verbindlichkeiten", d. h. Verbindlichkeiten, die nicht schon in der Person des Erblassers bestanden haben und mit dem Erbfall auf den Erben übergegangen sind, sondern die erst mit oder infolge des Erbfalls entstehen und vom Erben zu erfüllen sind (sog. *Erbfallschulden*).

B Das Gesetz nennt hier ausdrücklich Pflichtteile, Vermächtnisse und Auflagen, ferner die Beerdigungskosten, § 1968. Auch Erbschaftssteuern gehören hierher.

In der Literatur wird üblicherweise aus den Erbfallschulden eine besondere Gruppe als sog. ***Nachlaßkostenschulden*** herausgehoben, die nicht sogleich mit dem Erbfall entstehen; gemeint sind die Kosten der Verwaltung und Abwicklung des Nachlasses, z. B. Kosten der Testamentseröffnung, Kosten eines Nachlaßkonkurses, Verpflichtungen aus Geschäften des Testamentsvollstreckers (§ 2206 I 1), Verpflichtungen gegenüber dem vorläufigen Erben nach § 1959 I usw. Da in der rechtlichen Behandlung Unterschiede nicht bestehen, erübrigt sich eine derartige Aufgliederung der Erbfallschulden.

F_8 Handelt es sich um Erblasserschulden oder Erbfallschulden, wenn

a) der ein halbes Jahr vor dem Erbfall geschiedene Ehegatte des Erblassers vom Erben den Zugewinnausgleich verlangt,

b) der nichteheliche Sohn des Erblassers seinen Erbersatzanspruch geltend macht?

Unbeschränkte Haftung des Erben

A_8 a) Erblasserschulden, da der Zugewinnausgleichsanspruch mit Beendigung des Güterstandes, hier also mit der Scheidung, entsteht und somit schon der Erblasser zum Zugewinnausgleich verpflichtet war, §§ 1363 II 2, 1372. (Die Verpflichtung zum Zugewinnausgleich nach § 1371 II wäre hingegen Erbfallschuld.)

b) Erbfallschulden, da der Erbersatzanspruch erst mit dem Erbfall entsteht und sich gegen den Erben richtet, § 1934 a I.

I_9 Daß der Erbe für die Nachlaßverbindlichkeiten *haftet*, bedeutet zunächst, daß er mit seinem *gesamten* Vermögen dem Zugriff der Nachlaßgläubiger ausgesetzt ist. Man muß sich klarmachen, daß das gesamte Vermögen des Erben sich zusammensetzt aus dem *Nachlaß* und dem Vermögen, das der Erbe schon vor dem Erbfall besaß bzw. unabhängig vom Erbfall erwirbt (sog. *Eigenvermögen*). Die Nachlaßgläubiger können wegen ihrer Forderungen also auch in das Eigenvermögen des Erben vollstrecken. Das ist von besonderer Bedeutung, wenn der Nachlaß überschuldet ist.

Merken Sie sich zunächst: *Der Erbe haftet* für die Nachlaßverbindlichkeiten *unbeschränkt.*

Da Nachlaß und Eigenvermögen in der Hand des Erben eine Einheit bilden, ergibt sich weiter, daß die eigenen Gläubiger des Erben nach dem Erbfall nicht nur in sein Eigenvermögen, sondern auch in den Nachlaß vollstrecken können.

F_9 Der hochverschuldete L ist von seinem reichen Onkel O zum Erben eingesetzt worden. Kann der G, ein Gläubiger des L, der bislang vergeblich in das Vermögen des L vollstreckt hat, erwarten, daß er nach dem Tode des O zu seinem Geld kommt?

A_9 Ja, da der Nachlaß auch den Eigengläubigern des Erben haftet.

I_{10} Die haftungsmäßige Einheit von Nachlaß und Eigenvermögen führt bei Überschuldung des Nachlasses zu einer Gefahr für den Erben, der nun infolge der Erbschaft sein Eigenvermögen verlieren kann, und evtl. zu einer Gefahr für die Eigengläubiger des Erben, die dessen Eigenvermögen nun mit den Nachlaßgläubigern teilen müssen. Bei Überschuldung des Eigenvermögens führt sie hingegen zu einer Gefahr für die Nachlaßgläubiger, da sie den Nachlaß mit den Eigengläubigern teilen müssen. Um diesen Gefahren zu begegnen, sieht das Gesetz bestimmte noch zu besprechende Wege vor, die nachträgliche *Trennung* der beiden Vermögensmassen (Nachlaß und Eigenvermögen) herbeizuführen. Diese Trennung bedeutet, daß die Eigengläubiger nur noch in das Eigenvermögen und die Nachlaßgläubiger nur noch in den Nachlaß vollstrecken können.

Wenn diese Trennung herbeigeführt wird, kommt es für die Vollstreckung darauf an, ob eine Schuld *Nachlaßverbindlichkeit* oder *Eigenschuld* des Erben ist. Die Abgrenzung kann schwierig werden, wenn beim Erbfall noch nicht alle Entstehungsvoraussetzungen für die Verbindlichkeit erfüllt waren. Entscheidend ist, ob der Schwerpunkt des Entstehungstatbestandes noch in der Sphäre des Erblassers oder schon in der des Erben liegt.

B Geht der Erblasser eine aufschiebend bedingte Verpflichtung ein und tritt die Bedingung erst nach dem Erbfall ein, so liegt eine Erblasserschuld vor. Ebenso, wenn eine vom Erlasser abgegebene Verpflichtungserklärung der Gegenseite erst nach dem Erbfall zugeht.

Nimmt der Erbe eine dem Erblasser gemachte Offerte an, so liegt eine Eigenschuld des Erben vor.

F_{10} (nach RG in HRR 42, Nr. 522)

Der E bewahrte in seinem unverschlossenen Schreibtisch eine Handgranate als Kriegserinnerung auf. Sein siebenjähriger Neffe N, der am Tage der Beerdigung des E im Trauerhause geblieben war und die Handgranate entdeckt hatte, wird beim Spielen von der explodierenden Granate schwer verletzt. In welches Vermögen kann wegen des Schadensersatzanspruchs des N gegen X, den Erben des E, vollstreckt werden, wenn die Trennung der Vermögensmassen herbeigeführt worden ist?

A10 In den Nachlaß, denn es handelt sich um eine Erblasserschuld. Schwerpunkt des Entstehungstatbestandes der Verpflichtung aus § 823 I ist die Vornahme der Handlung, die adäquat kausal den Verletzungserfolg herbeigeführt hat. Das war hier die verschlußlose Verwahrung der Waffe. Sie lag im Einflußbereich des Erblassers; auf den Zeitpunkt des Erfolges kommt es nicht an.

I11 Möglich ist, daß eine Verbindlichkeit sowohl Nachlaßverbindlichkeit als auch Eigenschuld des Erben ist, der Gläubiger also auch bei Trennung der Vermögensmassen sowohl in den Nachlaß als auch in das Eigenvermögen des Erben vollstrecken kann (sog. *Nachlaßerbenschuld*). Wichtigster Fall einer Nachlaßerbenschuld ist die Eingehung von Verbindlichkeiten im Rahmen der ordnungsgemäßen Verwaltung des Nachlasses. (Allerdings kann der Erbe die Haftung mit dem Eigenvermögen vertraglich ausschließen.)

B Der Erbe läßt einen zum Nachlaß gehörenden Pkw reparieren. Da die Reparatur dem Wert des Nachlasses zugute kommt, liegt eine Nachlaßverbindlichkeit vor; als Vertragspartner haftet der Erbe aber auch mit dem Eigenvermögen.

Um Nachlaßerbenschulden handelt es sich auch bei Schadensersatzpflichten, die aus schuldhafter Verletzung von Nachlaßverbindlichkeiten durch den Erben entstehen.

F11 E hatte seinen Pkw an N verkauft. Nach dem plötzlichen Tod des E benutzt S, der Erbe des E, den Wagen noch einmal und fährt ihn schuldhaft schrottreif. Ist die Schadensersatzpflicht aus § 325 Nachlaßverbindlichkeit oder Eigenschuld des S?

A_{11} Sie ist beides, also Nachlaßerbenschuld.

I_{12} Die *Trennung von Nachlaß und Eigenvermögen* tritt ein, wenn die *Nachlaßverwaltung* angeordnet oder wenn der *Nachlaßkonkurs* bzw. der *Nachlaßvergleich* zur Abwendung des Konkurses eröffnet ist. Die Haftung des Erben für die Nachlaßverbindlichkeiten beschränkt sich dann auf den Nachlaß, § 1975 und § 113 I Nr. 4 VerglO.

Die *Nachlaßverwaltung* ist eine Pflegschaft über den Nachlaß mit dem Ziel, die Nachlaßgläubiger zu befriedigen. Sie wird vom Nachlaßgericht auf Antrag angeordnet; den Antrag kann der Erbe und, falls die Befriedigung der Nachlaßgläubiger gefährdet ist, jeder Nachlaßgläubiger stellen, § 1981 I und II 1. Mit der Anordnung verliert der Erbe die Befugnis, den Nachlaß zu verwalten und über ihn zu verfügen, § 1984 I 1. Die Verwaltung wird durch einen vom Nachlaßgericht ernannten Nachlaßverwalter ausgeübt, der die Aufgabe hat, die Nachlaßgläubiger zu befriedigen und einen etwaigen Überrest dem Erben auszuhändigen, §§ 1985 I, 1986.

Nachlaßkonkurs wird auf Antrag des Erben, des Nachlaßverwalters, des Testamentsvollstreckers oder eines Nachlaßgläubigers eröffnet, wenn der Nachlaß überschuldet ist, §§ 215, 217 I KO.

Nachlaßverwaltung, -konkurs und -vergleich führen dazu, daß die Nachlaßgläubiger nur noch in den Nachlaß und die Eigengläubiger nur noch in das Eigenvermögen des Erben vollstrecken können, vgl. § 1984 II.

Merken Sie sich nun: *Der Erbe haftet unbeschränkt, aber beschränkbar.*

F_{12} Wie wirkt sich die Anordnung der Nachlaßverwaltung bzw. die Eröffnung des Nachlaßkonkurses oder -vergleiches auf die Einheit des Vermögens des Erben und somit auf die Vollstreckungsmöglichkeiten der Gläubiger aus?

A_{12} Es tritt eine Trennung von Nachlaß und Eigenvermögen des Erben ein. Nachlaßgläubiger können nur noch in den Nachlaß, Eigengläubiger des Erben nur noch in dessen Eigenvermögen vollstrecken.

I_{13} Beschränkte Erbenhaftung bedeutet *nicht*, daß der Erbe nicht mehr Schuldner der Nachlaßverbindlichkeiten ist. Die bereits eingetretene oder noch mögliche Haftungsbeschränkung führt also nicht zur Klageabweisung. Die Haftungsbeschränkung kann vom Erben vielmehr erst bei der Zwangsvollstreckung geltend gemacht werden, §§ 781, 785, 767 ZPO. Voraussetzung dafür ist jedoch, daß er sich bereits im Prozeß auf die Möglichkeit der Haftungsbeschränkung berufen hat. Auf die begründete Klage eines Nachlaßgläubigers ergeht dann ein Leistungsurteil gegen den Erben mit dem Zusatz, daß ihm die Beschränkung seiner Haftung auf den Nachlaß vorbehalten bleibe, vgl. § 780 I ZPO.

F_{13} Nachlaßgläubiger G hat gegen den Erben E ein rechtskräftiges Urteil wegen einer Erblasserschuld erstritten. Später wird auf Antrag des E die Nachlaßverwaltung angeordnet. Unter welcher Voraussetzung kann sich E gegenüber G, wenn dieser die Zwangsvollstreckung in das Eigenvermögen des E versuchen sollte, auf die Anordnung der Nachlaßverwaltung berufen?

A_{13} E muß sich im Urteil die Haftungsbeschränkung vorbehalten lassen, § 780 I ZPO.

I_{14} Ist der Wert des Nachlasses so gering, daß er nicht mehr die Kosten der Nachlaßverwaltung oder des Nachlaßkonkurses decken würde, so kann der Erbe gegenüber einem Nachlaßgläubiger die sog. *Dürftigkeitseinrede* erheben, § 1990 I. Sie führt ohne Nachlaßverwaltung bzw. -konkurs zur Beschränkung der Haftung auf den Nachlaß. Der Erbe kann die Befriedigung des Gläubigers insoweit verweigern, als der Nachlaß für sie nicht ausreicht, muß dem Gläubiger aber den Nachlaß zum Zwecke der Zwangsvollstreckung herausgeben.

F_{14} In welchen vier Fällen kommt es zur Beschränkung der Erbenhaftung auf den Nachlaß?

A_{14} Bei Nachlaßverwaltung, Nachlaßkonkurs, Nachlaßvergleich und Dürftigkeit des Nachlasses.

I_{15} Der Erbe hat ein Interesse daran, den Umfang der Nachlaßverbindlichkeiten zu erfahren. Deshalb kann er die Nachlaßgläubiger aufbieten lassen, d. h. in einem gerichtlichen Verfahren auffordern lassen, ihre Forderungen anzumelden, § 1970. *Dem* Gläubiger, der sich im *Aufgebotsverfahren* nicht meldet, haftet der Erbe nur mit dem Nachlaß, auch wenn es zur Trennung des Nachlasses vom Eigenvermögen nicht gekommen ist, § 1973 I 1. Entsprechendes gilt, auch wenn kein Aufgebot stattfindet, gegenüber einem Gläubiger, der seine Forderung *nicht binnen fünf Jahren nach dem Erbfall* geltend macht, § 1974 I 1.

F_{15} Wem gegenüber wirkt die Haftungsbeschränkung nach § 1975 und wem gegenüber wirken die Beschränkungen nach §§ 1973, 1974?

A_{15} Die Haftungsbeschränkung nach § 1975 wirkt allen Gläubigern gegenüber, die Beschränkungen nach §§ 1973, 1974 nur gegenüber den Gläubigern, die sich im Aufgebotsverfahren nicht melden bzw. ihre Forderungen erst später als fünf Jahre nach dem Erbfall geltend machen.

I_{16} Die Nachlaßgläubiger haben ein Interesse daran, den Umfang der Aktiva des Nachlasses kennenzulernen. Diesem Zweck dient das *Inventar*, ein Verzeichnis des Nachlasses, das der Erbe beim Nachlaßgericht einreichen kann, § 1993. Auf Antrag eines Nachlaßgläubigers hat das Nachlaßgericht dem Erben hierfür eine *Frist* zu setzen. *Versäumt* der Erbe sie, so verliert er die Möglichkeit der Haftungsbeschränkung, § 1994 I. (Die *rechtzeitige Inventarerrichtung* bewirkt also *keine Haftungsbeschränkung*, sondern hält nur den Weg zu ihr offen.) Ebenso geht die Möglichkeit der Haftungsbeschränkung verloren, wenn der Erbe absichtlich eine erhebliche Unvollständigkeit der Angaben im Inventar oder, in der Absicht, die Nachlaßgläubiger zu benachteiligen, die Aufnahme einer nicht bestehenden Nachlaßverbindlichkeit in das Inventar bewirkt (sog. *Inventaruntreue*), § 2005 I 1. Schließlich geht die Möglichkeit der Haftungsbeschränkung verloren, wenn der Erbe die auf Verlangen eines Nachlaßgläubigers abzugebende *eidesstattliche Versicherung*, daß er nach bestem Wissen vollständige Angaben gemacht habe, *verweigert*, § 2006 I und III 1. Sie geht in diesem Falle allerdings nicht wie bei Fristversäumnis und Inventaruntreue allen Gläubigern gegenüber verloren, sondern nur gegenüber *dem* Gläubiger, der die eidesstattliche Versicherung verlangt hat.

Prägen Sie sich nun ein: *Der Erbe haftet zunächst unbeschränkt, aber er hat die Möglichkeit der Haftungsbeschränkung* durch Nachlaßverwaltung, -konkurs oder -vergleich und bei Dürftigkeit des Nachlasses; er verliert diese Möglichkeit, *haftet* also *endgültig unbeschränkt bei Versäumnis der Inventarfrist, Inventaruntreue und Verweigerung der eidesstattlichen Versicherung.*

I17 Will der Erbe die auf ihn übergegangenen Rechtspositionen des Erblassers im Rechtsverkehr wahrnehmen, so muß er sich als Erbe legitimieren können.

B Der Erbe möchte vom Konto des Erblassers Geld abheben, die Miete für das vom Erblasser vermietete Haus einziehen, zum Nachlaß gehörenden Schmuck veräußern, ein auf den Namen des Erblassers eingetragenes Grundstück auf sich umschreiben lassen usw.; Bank, Mieter, Juwelier und Grundbuchamt zweifeln an seiner Erbenstellung und weigern sich, auf seine Anliegen einzugehen.

Der Legitimation des Erben im Rechtsverkehr dient ein amtliches Zeugnis über sein Erbrecht, der *Erbschein.*

Der Erbschein wird dem Erben auf Antrag vom Nachlaßgericht ausgestellt, § 2353. Welche Angaben der Antragsteller zur Begründung seines Antrags machen muß, ergibt sich bei gesetzlicher Erbfolge aus § 2354, bei gewillkürter Erbfolge aus § 2355. Welche Beweise vorzulegen sind, sagt § 2356. Das Nachlaßgericht hat den Erbschein zu erteilen, wenn es die zur Begründung des Antrags erforderlichen Tatsachen für festgestellt erachtet, § 2359. Es hat die hierfür erforderlichen Ermittlungen anzustellen, § 2358 I.

F17 K, Kind des am 1. 4. 73 verstorbenen Witwers W, beantragt einen Erbschein als gesetzlicher Alleinerbe. Er legt die Todesurkunden von W und von dessen Ehefrau F sowie seine eigene Geburtsurkunde vor und erklärt wahrheitsgemäß, daß sein Vater keine anderen Kinder hatte sowie daß kein Prozeß über sein Erbrecht anhängig ist. Außerdem legt er ein notarielles Testament des W vom 3. 3. 73 vor, in welchem der X zum Erben eingesetzt ist. Das Testament trägt einen vom Notar unterzeichneten Vermerk: „Zurückgegeben am 15. 3. 73."
Ist dem K der Erbschein zu erteilen?

A_{17} Ja. K beantragt einen Erbschein als gesetzlicher Erbe. Sein Vorbringen enthält die nach § 2354 I Nr. 1–5 und II erforderlichen Angaben. Außerdem hat er die nach § 2356 I erforderlichen Urkunden vorgelegt, nämlich die Todesurkunde des W (zu § 2354 I Nr. 1), seine eigene Geburtsurkunde (zu § 2354 I Nr. 2) und die Todesurkunde der F (zu § 2354 II). Die zur Begründung des Antrags erforderlichen Tatsachen sind als festgestellt zu erachten (§ 2359), da K als einziges Kind des Witwers W nach §§ 1924, 1930 bei gesetzlicher Erbfolge Alleinerbe ist, und die gesetzliche Erbfolge hier nicht durch die gewillkürte verdrängt wird, weil das Testament des W gemäß § 2256 I1 als widerrufen gilt.

I_{18} Der Erbschein hat *keine konstitutive* Bedeutung für das Recht des Erben; auch ohne Erbschein sind Rechtsgeschäfte des Erben wirksam, aber er enthebt den Erben der Beweisschwierigkeiten.

Der Erbschein weist die *Person* des Erben aus; im Fall der Miterbschaft gibt er auch die Größe des Bruchteils an, § 2353. Ferner sind aufzunehmen Angaben über die *Beschränkung* des Erben durch eine Nacherbfolge (§ 2363 I) oder eine Testamentsvollstreckung (§ 2364 I).

An den Inhalt des Erbscheins knüpft sich gemäß § 2365 die Vermutung der Richtigkeit und Vollständigkeit: Es wird *positiv* vermutet, daß dem als Erben Bezeichneten das angegebene Erbrecht zustehe (Parallele zu § 891 I); es wird *negativ* vermutet, daß nur die angegebenen Beschränkungen bestehen.

F_{18} K, der Alleinerbe des W, hat antragsgemäß einen Erbschein erhalten. Unter Vorlage des Erbscheins will er von M, der ein Haus des W gemietet hat, die fällige Miete einziehen. M weigert sich mit der nicht weiter begründeten Behauptung, X sei Erbe des W.
Kommt M durch seine Weigerung in Verzug?

A_{18} Ja, §§ 284 II 1, 285. M käme nur dann nicht in Verzug, wenn er schuldlos den fälligen Mietzins zurückhielte. Er muß aber wissen, daß aufgrund des Erbscheins eine Vermutung für das Recht des K spricht, gegenüber der unbegründete Zweifel keine Rechtfertigung für sein (M's) Verhalten liefern.

I_{19} Wenn ein Erbschein *unrichtig* erteilt ist, hat ihn das Nachlaßgericht *einzuziehen*, wodurch er kraftlos wird; bei Unmöglichkeit sofortiger Einziehung hat es ihn für kraftlos zu *erklären*, § 2361 I und II 1. Außerdem hat der wahre Erbe gegen den Scheinerben, d. h. den Inhaber eines unrichtigen Erbscheins, einen Anspruch auf Herausgabe des Erbscheins an das Nachlaßgericht (§ 2362 I), damit der Scheinerbe sich die Legitimationswirkung nicht zunutze machen kann.

An einen unrichtigen Erbschein knüpfen §§ 2366, 2367 einen *Gutglaubens schutz*, der dem Schutz des guten Glaubens an eine unrichtige Grundbucheintragung in §§ 892 I, 893 nachgebildet ist:
Im rechtsgeschäftlichen Verkehr gilt zugunsten dessen, der einen Erbschaftsgegenstand, ein Recht an einem solchen Gegenstand oder die Befreiung von einem zur Erbschaft gehörenden Recht erwirbt, der Inhalt des Erbscheins, soweit die Vermutung des § 2365 reicht, als richtig, es sei denn, er kenne die Unrichtigkeit oder wisse, daß das Nachlaßgericht die Rückgabe des Erbscheins wegen Unrichtigkeit verlangt hat, § 2366. Entsprechendes gilt für den, der gutgläubig an den Scheinerben eine Leistung bewirkt oder mit ihm ein nicht unter § 2366 fallendes Verfügungsgeschäft über ein zum Nachlaß gehörendes Recht schließt, § 2367.

B Der gutgläubige G läßt sich vom Scheinerben S ein zum Nachlaß des E gehörendes Buch übereignen (Erwerb eines Nachlaßgegenstandes).
G läßt sich von S ein zum Nachlaß gehörendes Schmuckstück verpfänden (Erwerb eines Rechtes an einem Nachlaßgegenstand).
S hebt mit Zustimmung des G eine zum Nachlaß gehörende Hypothek am Grundstück des G auf (Befreiung von einem zum Nachlaß gehörenden Recht).
G zahlt an S die Miete für ein von E vermietetes Haus (Leistung aufgrund eines zum Nachlaß gehörenden Rechtes).
S räumt der Hypothek des G den Vorrang vor einer zum Nachlaß gehörenden Hypothek am Grundstück des X ein (sonstiges Verfügungsgeschäft).

I_{20} §§ 2366, 2367 schützen nur den guten Glauben an den Inhalt des Erbscheins, d. h. daran, daß die im Erbschein angegebene Person Erbe ist und daß nicht angegebene Beschränkungen nicht bestehen. Es gibt keinen Schutz des guten Glaubens an die Zugehörigkeit eines Gegenstandes zum Nachlaß.

§§ 2366, 2367 schützen auch nicht den guten Glauben an das Recht des Erblassers. War der Erblasser unrichtig im Grundbuch eingetragen oder war er nur Besitzer einer beweglichen Sache, so sind insoweit §§ 892f. bzw. §§ 932ff. zu prüfen. Es gilt demnach:
Wer vom *wahren* Erben des *Nichteigentümers* erwirbt, wird nach §§ 892f. bzw. §§ 932ff. geschützt. Wer vom *Scheinerben* des *wahren* Eigentümers erwirbt, wird nach §§ 2366, 2367 geschützt. Beide Regelungen können aber auch zusammenwirken: Wer vom *Scheinerben* des *Nichteigentümers* erwirbt, wird nach §§ 892f., 932ff. *und* §§ 2366, 2367 geschützt.

F_{20} E ist fälschlich als Eigentümer des Grundstücks des X eingetragen. Sein Alleinerbe ist A. S hat aber einen unrichtigen Erbschein als gesetzlicher Erbe erhalten. Er läßt das Grundstück an den gutgläubigen G auf. G wird eingetragen. Erwirbt er das Eigentum?

A_{20} Ja. Zwar fehlt es an einer Einigung zwischen G und dem wahren Eigentümer X. Jedoch gilt zugunsten des G nach § 892 I 1 die Eintragung des E als richtig. Die Grundbuchposition des E geht kraft der Universalsukzession auf den Erben des E über. Allerdings ist A der Erbe des E. Jedoch gilt zugunsten des G nach § 2366 S als Erbe des E.

I_{21} Auch der Testamentsvollstrecker bedarf einer Legitimation, wenn er Rechtsgeschäfte mit Wirkung für den Nachlaß vornehmen will. Dem dient das vom Nachlaßgericht auf Antrag auszustellende *Testamentsvollstreckerzeugnis,* § 2368 I 1.

Das Zeugnis enthält die Feststellung, daß der Antragsteller zum Testamentsvollstrecker ernannt ist; hat der Erblasser die Verwaltungsbefugnis des Testamentsvollstreckers beschränkt (vgl. § 2208 I) oder ihn von der Beschränkung in der Eingehung von Verbindlichkeiten befreit (vgl. § 2207 S. 1), so ist auch dies anzugeben, § 2368 I 2.

Auf das Testamentsvollstreckerzeugnis finden gemäß § 2368 III die Vorschriften über den Erbschein entsprechende Anwendung, insbesondere also die Vorschriften über den öffentlichen Glauben (§§ 2365–2367). Das bedeutet: Es wird vermutet, daß die Angaben über die Ernennung, die Beschränkung der Verwaltungsbefugnis und die Erweiterung der Verpflichtungsbefugnis richtig sind und daß eine nicht angegebene Beschränkung der Verwaltungsbefugnis nicht besteht (entsprechende Anwendung von § 2365). Soweit diese Vermutung reicht, wird bei Rechtsgeschäften mit dem Testamentsvollstrecker der gute Glaube eines Dritten an die Ernennung bzw. an den Umfang der Befugnisse des Testamentsvollstreckers geschützt (entsprechende Anwendung von §§ 2366f.).

F_{21} In Kap. V, F_{14} hatte K kein Eigentum erwerben können, da der Schmuck nicht der Verfügungsbefugnis des Testamentsvollstreckers unterlag und § 932 nicht anwendbar ist. – Wie ist der Fall zu lösen, wenn dem T ein Testamentsvollstreckerzeugnis erteilt ist, das keine Angaben über eine Beschränkung der Befugnisse des T enthält?

A_{21} Wenn K die Beschränkung der Verfügungsbefugnis nicht kannte, hat er Eigentum erworben, da gemäß §§ 2368 III, 2366 beim rechtsgeschäftlichen Erwerb von Erbschaftsgegenständen eine im Testamentsvollstreckerzeugnis nicht angegebene Beschränkung der Verwaltungsbefugnis (die die Verfügungsbefugnis umfaßt, vgl. § 2205 S. 2) einem Gutgläubigen gegenüber als nicht bestehend gilt.

Kapitel X

ERBENGEMEINSCHAFT

I_1 Sind mehrere Erben vorhanden, so wird der Nachlaß gemeinschaftliches Vermögen aller Erben, § 2032 I. Dies entspricht dem Grundsatz der Universalsukzession, § 1922 I: Das Vermögen des Erblassers geht als Ganzes ungeteilt auf die Erben über.

Die Erben bilden eine *Gesamthandsgemeinschaft*, keine Bruchteilsgemeinschaft. Bei einer Bruchteilsgemeinschaft (§§ 741 ff.) hat jeder Gemeinschafter einen ideellen Anteil an jedem einzelnen Gemeinschaftsgegenstand, über den er verfügen kann. Hingegen steht bei der Miterbengemeinschaft als einer Gesamthadsgemeinschaft dem einzelnen Miterben ein solcher Anteil an den einzelnen Nachlaßgegenständen *nicht* zu, § 2033 II. Er hat vielmehr nur einen Anteil am gesamten Nachlaß (*Erbteil*). Die einzelnen Nachlaßgegenstände stehen nicht im anteiligen Eigentum der einzelnen Miterben, sondern im Eigentum der Gesamtheit der Miterben. (Die Erbengemeinschaft ist jedoch keine juristische Person.)

F_1 Versuchen Sie, den Unterschied zwischen Bruchteilsgemeinschaft und Gesamthandsgemeinschaft zu formulieren.

A1 Bei der Bruchteilsgemeinschaft kann jeder Gemeinschafter über seinen ideellen Anteil an jedem einzelnen Gemeinschaftsgegenstand verfügen. Bei der Gesamthandsgemeinschaft ist dies nicht der Fall.

I2 Über seinen *Anteil am Nachlaß* kann der Erbe *verfügen,* § 2033 I 1. Die Verfügung bedarf der notariellen Beurkundung, § 2033 I 2 (ebenso die Verpflichtung zu einer solchen Verfügung, §§ 2371, 2385 I).

Um das Eindringen Fremder in die Erbengemeinschaft verhindern zu können, haben die übrigen Erben ein *Vorkaufsrecht* für den Fall, daß ein Miterbe seinen Erbteil verkauft, §§ 2034ff.

Veräußert ein Erbe seinen Erbteil, so hört er dennoch nicht auf, Erbe zu sein. Daher verbleiben ihm die erbrechtlichen Gestaltungserklärungen wie z. B. das Anfechtungsrecht aus §§ 2078ff. und das Vorkaufsrecht aus § 2034 (für den Fall, daß ein anderer Miterbe seinen Erbteil verkauft); im Erbschein ist weiterhin er als Erbe und nicht etwa der Erwerber aufzuführen.

F2 A, B und C bilden eine Erbengemeinschaft. Zum Nachlaß gehört u. a. ein Grundstück. Jeder der drei Miterben überträgt formgerecht seinen Erbteil auf X. Sind Auflassung und Eintragung (§§ 925, 873 I) erforderlich, damit X Eigentümer des Grundstücks wird?

A_2 Nein, denn die Miterben übertragen nicht Anteile am Grundstück, sondern ihre Anteile an der Gesamthandsgemeinschaft auf X. Mittelbar wird allerdings damit auch das Eigentum am Grundstück übertragen, jedoch durch einen Erwerbsvorgang außerhalb des Grundbuchs. (Das Grundbuch ist jetzt unrichtig; X hat daher den Berichtigungsanspruch aus § 894.)

I_3 Die Erbengemeinschaft ist auf Auseinandersetzung ausgerichtet. Bis zur Auseinandersetzung soll der Nachlaß als Sondervermögen möglichst ungeschmälert erhalten bleiben. Dem dient die *dingliche Surrogation,* § 2041. Danach geht u. a. alles, was durch ein Rechtsgeschäft erworben wird, das sich auf den Nachlaß bezieht, direkt in das Eigentum der Erbengemeinschaft über. Auf den Nachlaß bezieht sich nach h. M .der Erwerb dann, wenn er entweder objektiv mit Mitteln des Nachlasses erfolgt oder subjektiv vom Erwerber für den Nachlaß gewollt ist. (Beachten Sie den Unterschied zu §§ 2019 I und 2111 I, wo nur auf das objektive Merkmal der Verwendung von Mitteln aus dem Nachlaß abgestellt wird.)

F_3 A und B sind Miterben des E zu gleichen Teilen. Da B, ein begeisterter Antiquitätensammler, besonders günstig eine alte Standuhr kaufen kann, aber im Augenblick kein Bargeld hat, nimmt er den Kaufpreis aus dem Nachlaß. Nach einem Monat zahlt er den entnommenen Betrag zurück. Trotzdem meint A bei der späteren Auseinandersetzung, daß die Uhr zum Nachlaß gehöre. Mit Recht?

A_3 Ja. B hat die Uhr mit Mitteln des Nachlasses erworben. Dann ist die Uhr nach § 2041 direkt in den Nachlaß übergegangen.

I_4 Bei der Verwaltung des Nachlasses durch die Erbengemeinschaft sind zu unterscheiden:

1. Maßnahmen der *ordnungsmäßigen* Verwaltung; hierzu gehört alles, was nach billigem Ermessen der Beschaffenheit des Gegenstandes und dem Interesse aller Miterben entspricht, vgl. § 745 I und II; wesentliche Veränderungen des Erbschaftsgegenstandes gehören i. d. R. nicht dazu, § 745 III 1.
2. *Notwendige* Maßnahmen, d. h. solche ordnungsmäßigen Maßnahmen, die zur Erhaltung des Nachlasses erforderlich sind.
3. Maßnahmen, die über den Rahmen der ordnungsmäßigen Verwaltung hinausgehen (*nicht-ordnungsmäßige* Verwaltung).

Die Rechte und Pflichten der Miterben untereinander (das *Innenverhältnis*) hinsichtlich dieser Maßnahmen sind durch § 2038 geregelt:
Maßnahmen der *nicht-ordnungsmäßigen* Verwaltung können nur gemeinschaftlich, d. h. einstimmig, getroffen werden, § 2038 I 1.
Maßnahmen der *ordnungsmäßigen* Verwaltung können mit Stimmenmehrheit beschlossen werden, §§ 2038 II 1, 745 I 1. Die Stimmenmehrheit ist nach der Größe der Anteile zu berechnen, § 745 I 2. Jeder Miterbe kann von den anderen Miterben verlangen, daß Maßnahmen zur ordnungsmäßigen Verwaltung beschlossen und ausgeführt werden, § 2038 I 2, 1. Halbsatz.
Notwendige Maßnahmen darf jeder Miterbe allein treffen, § 2038 I 2, 2. Halbsatz.

F_4 A, B und C haben ihren Vater zu gleichen Teilen beerbt. Zum Nachlaß gehört ein kleiner Kolonialwarenladen. A und B, die vom Ertrag enttäuscht sind, wollen das Geschäft in eine Imbißstube umwandeln. C ist dagegen. Können A und B sich auf ihre Mehrheit berufen?

A_4 Nein; es handelt sich bei der Umwandlung des Geschäftes um eine wesentliche Veränderung eines Erbschaftsgegenstandes, also um eine Maßnahme, die zur nicht-ordnungsmäßigen Verwaltung gehört, so daß zu ihr die Einstimmigkeit aller Miterben erforderlich wäre, §§ 2038 II 1, 745 III 1.

I_5 Bei der Vertretung der Erbengemeinschaft gegenüber Dritten (im *Außenverhältnis*) ist zu unterscheiden zwischen Verfügungen über Nachlaßgegenstände einerseits und Verpflichtungs- und Erwerbsgeschäften andererseits. Für *Verpflichtungs-* und *Erwerbsgeschäfte* bestimmt sich die Vertretungsmacht nach §§ 2038 I, II 1, 745, deckt sich also mit der Geschäftsführungsbefugnis im Innenverhältnis. Bei Geschäften der notwendigen Verwaltung kann daher jeder Miterbe die Erbengemeinschaft vertreten; bei Geschäften, die zur ordnungsmäßigen Verwaltung gehören, kann die Erbengemeinschaft durch die Mehrheit der Erben vertreten werden; bei Geschäften, die über den Rahmen der ordnungsmäßigen Verwaltung hinausgehen, müssen alle Miterben gemeinschaftlich handeln.

F_5 A, B und C sind Miterben zu gleichen Teilen. Zum Nachlaß gehört ein altes Haus, in dem A wohnt. Durch eine Explosion in der Nachbarschaft sind Fensterscheiben zerstört. A beauftragt den Malermeister M, neue Scheiben einzusetzen. Bei gleicher Gelegenheit läßt er durch M die unansehnlich gewordenen Fensterrahmen von außen neu streichen. Erhält M einen vertraglichen Zahlungsanspruch gegen die Erbengemeinschaft?

A5 Ja hinsichtlich der Glaserarbeiten, da das Einsetzen der Scheiben eine notwendige Maßnahme zur Erhaltung des Hauses ist, § 2038 I 2, 2. Halbsatz.
Nein hinsichtlich der Anstreicherarbeiten. Da es sich um eine zwar ordnungsmäßige, aber nicht notwendige Maßnahme handelt, hätte zumindest die Mehrheit der Erben das Geschäft abschließen müssen.

I6 Für *Verfügungsgeschäfte* über Nachlaßgegenstände stellt § 2040 I den Grundsatz auf, daß alle Miterben *gemeinschaftlich* verfügen müssen. Dem Wortlaut nach gilt dies für alle drei Arten von Verwaltungsmaßnahmen. Für Verfügungen im Rahmen der *notwendigen* Verwaltung ist jedoch allgemein anerkannt, daß entsprechend § 2038 I 2, 2. Halbsatz, jeder Miterbe gesetzliche Vertretungsmacht für die Erbengemeinschaft besitzt.

Streitig ist, ob für Verfügungen im Rahmen der *ordnungsmäßigen* Verwaltung entgegen § 2040 I nach §§ 2038 II 1, 745 die Mehrheit der Erben vertretungsberechtigt ist. Nach h. M. gilt hier § 2040 I. Ein zur Mitwirkung an einer solchen Verfügung nicht bereiter Miterbe kann jedoch von den übrigen gemäß § 2038 I 2, 1. Halbsatz, auf Zustimmung verklagt werden.

F6 Zum Nachlaß gehört eine Gärtnerei. Miterbe A möchte die reifen Tomaten an den Gemüsehändler G und dreißig Lebensbäume an den Friedhofsgärtner F veräußern. Ist die Übereignung ohne Mitwirkung der übrigen Miterben möglich?

A_6 Die Übereignung der reifen Tomaten ist eine Maßnahme der notwendigen Verwaltung, so daß A allein die Übereignung vornehmen kann, § 2038 I 2, 2. Halbsatz.
Die Übereignung der Lebensbäume ist keine Maßnahme der notwendigen, sondern der ordnungsmäßigen Verwaltung. Hier müssen nach § 2040 I alle Miterben gemeinschaftlich verfügen.

I_7 Die gesamthänderische Bindung von *Ansprüchen,* die zum Nachlaß gehören, kommt in §§ 2039, 2040 II zum Ausdruck: Der Schuldner kann mit befreiender Wirkung nur an *alle* Miterben gemeinschaftlich leisten, § 2039 S. 1, 1. Halbsatz; er kann gegen eine zum Nachlaß gehörende Forderung nicht mit einer gegen einen *einzelnen* Miterben gerichteten Forderung aufrechnen, § 2040 II. Die *Geltendmachung* von Ansprüchen, die zum Nachlaß gehören, ist nach § 2039 S. 1, 2. Halbsatz, *jedem einzelnen* Miterben möglich, unabhängig davon, um welche Art von Verwaltungsmaßnahmen es sich handelt; der Miterbe kann jedoch nur *Leistung* an die *Erbengemeinschaft* verlangen.

F_7 A, B und C sind Miterben zu je einem Drittel. Zum Nachlaß gehört eine fällige Forderung gegen D in Höhe von 10,000,– DM. Da D im Augenblick das Geld nur schwer aufbringen kann, wollen A und B mit der Einziehung warten. C, der mit D verfeindet ist, besteht jedoch auf sofortiger Zahlung an die Erbengemeinschaft und will notfalls klagen. Kann er das mit Aussicht auf Erfolg?

A_7 Ja, denn er kann grundsätzlich jederzeit die Leistung einer fälligen Schuld an alle Erben gemeinsam verlangen, § 2039 S. 1, 2. Halbsatz, ohne daß dies zweckmäßig oder gar erforderlich sein müßte.

I_8 Die Art und Weise der *Auseinandersetzung* der Erbengemeinschaft kann von den Erben vertraglich geregelt werden. Das kann in der Weise geschehen, daß sich die Miterben gegenseitig verpflichten, über *jeden einzelnen Nachlaßgegenstand* in bestimmter Weise gemeinsam zu verfügen, vgl. § 2040 I.

In einem solchen Vertrag kann vorgesehen werden, daß die einzelnen Nachlaßgegenstände bestimmten Erben in Anrechnung auf ihren Erbteil übereignet werden. Es kann aber auch bestimmt werden, daß Nachlaßgegenstände entgeltlich an Miterben oder Dritte veräußert werden sollen; das Entgelt gehört dann wiederum zum Nachlaß, § 2041.

Die Beendigung der Gesamthandsgemeinschaft kann aber auch dadurch erreicht werden, daß die Erben ihre *Erbteile* auf *eine* Person, z. B. einen Miterben, übertragen, vgl. § 2033 I.

F_8 O hat seine drei Neffen zu gleichen Teilen zu Erben eingesetzt. Der Nachlaß besteht im wesentlichen aus einer wertvollen Briefmarkensammlung. Nur ein Neffe ist an der Briefmarkensammlung interessiert und bereit, seine Vettern dafür in Geld abzufinden; diese wollen auch mit der weiteren Abwicklung des Nachlasses nichts zu tun haben.
Wie ist die Auseinandersetzung zweckmäßig vorzunehmen?

A_8 Die nichtinteressierten Neffen können ihre Erbteile gegen Entgelt auf den Philatelisten übertragen, § 2033 I.

I_9 *Einigen* sich die Erben *nicht,* so kann auf Antrag das *Nachlaßgericht* versuchen, in einem Vermittlungsverfahren einen Auseinandersetzungsvertrag herbeizuführen, §§ 86ff. FGG.

Kommt ein Vertrag über die Art und Weise der Auseinandersetzung nicht zustande, so hat nach § 2042 jeder Miterbe einen *Anspruch auf Auseinandersetzung.* Macht er den Anspruch geltend, so muß er einen *Auseinandersetzungsplan* vorlegen und die Miterben auf Einwilligung in diesen Plan verklagen. Der Auseinandersetzungsplan muß den bindenden Teilungsregeln entsprechen. Diese können auf *Teilungsanordnungen* des Erblassers (§ 2048) oder auf den *gesetzlichen Regeln* über die Auflösung der *Gemeinschaft,* §§ 752ff., beruhen.

Nach dem Gesetz sind im Rahmen der Auseinandersetzung zunächst die Nachlaßverbindlichkeiten zu berichtigen, § 2046 I. Der verbleibende Überschuß wird dann auf die Erben entsprechend ihren Erbteilen aufgeteilt, §§ 2047, 2042 II:
Teilbare Sachen sind real zu teilen, § 752; unteilbare bewegliche Sachen werden nach den Vorschriften über den Pfandverkauf, Grundstücke durch Zwangsversteigerung verwertet und der Erlös dann verteilt, § 753.

F_9 A, B und C sind Miterben des E zu gleichen Teilen. Der Nachlaß besteht aus einem Baugrundstück, 120 Aktien der Mannesmann AG im Nennwert von je 100,– DM und einem Sparguthaben in Höhe von 1.500,– DM. E hatte noch 600,– DM Mietschulden. Was muß der Auseinandersetzungsplan vorsehen?

A_9 Der Auseinandersetzungsplan muß vorsehen:

1. Zwangsversteigerung des Grundstücks, § 753 I 1;
2. Abhebung des Sparguthabens, § 754 S. 1;
3. Begleichung der Mietschuld aus dem Erlös zu 2. u. 3., § 2046 I 1 u. III;
4. Auszahlung von je 1/3 des verbleibenden Geldes an A, B und C, § 2047 I;
5. Zuteilung von je 40 Aktien an A, B und C, § 752.

I_{10} Kommt es zu einer Auseinandersetzung nach den gesetzlichen Regeln, so führt dies meistens zu einer völligen Veräußerung der Familienhabe, da diese i. d. R. nicht real teilbar ist, also nach dem Gesetz durch Pfandverkauf oder Zwangsversteigerung verwertet werden muß, §§ 2042 II, 753.
Dies kann der Erblasser durch *Teilungsanordnungen,* § 2048, verhindern.

Teilungsanordnungen begründen für den Bedachten gegenüber seinen Miterben den Anspruch und die Pflicht, den ihm zugedachten Gegenstand in Anrechnung auf seinen Erbteil zu übernehmen. Sie beschränken *nicht* die Verfügungsmacht der Erben über den Gegenstand, vgl. § 137, so daß die Erben nicht gehindert sind, bei einer vertraglichen Auseinandersetzung abweichend von den Anordnungen des Erblassers zu verfügen.

Der Erblasser kann jedoch eine von seinem Willen abweichende vertragliche Auseinandersetzung dadurch verhindern, daß er einen *Auseinandersetzungsvollstrecker* einsetzt und so den Erben die Verfügungsmacht über den Nachlaß nimmt, § 2211 I.

F_{10} A hat drei Söhne, die er testamentarisch zu gleichen Teilen zu seinen Erben einsetzen will. Was kann er tun, um sicherzustellen, daß sein ältester Sohn den traditionsreichen Siegelring bekommt, wenn auch dessen Brüder den Ring gerne hätten?

A_{10} A kann im Testament gemäß § 2048 bestimmen, daß bei der Teilung des Nachlasses der Ring dem ältesten Sohn zufallen soll.

I_{11} Die Auseinandersetzung kann grundsätzlich jederzeit verlangt werden, § 2042 I. Sie kann jedoch von den Erben vertraglich *ausgeschlossen* oder von der Einhaltung einer Kündigungsfrist abhängig gemacht werden, §§ 2042 II, 749 II.

Das gleiche kann der Erblasser durch letztwillige Verfügung bestimmen, jedoch i. d. R. nur für eine Frist von 30 Jahren vom Erbfall an, § 2044 I u. II 1.

Ferner ist die Auseinandersetzung ausgeschlossen, solange die Erbteile der einzelnen Miterben deshalb unbestimmt sind, weil noch ungewiß ist, ob ein bestimmter Erbe eintritt oder nicht, § 2043; schließlich kann jeder Miterbe den Aufschub der Auseinandersetzung bis zum Abschluß eines Aufgebotsverfahrens (§ 1970) verlangen, § 2045.

F_{11} Erblasser E hat im Testament angeordnet, daß sein zum Nachlaß gehörendes Elternhaus für die nächsten 20 Jahre im Eigentum der Erbengemeinschaft verbleiben soll.

a) Kann Miterbe A verlangen, daß das Haus vor Ablauf der 20 Jahre zwangsversteigert werden soll?

b) Wäre eine gemeinschaftliche Verfügung aller Erben über das Haus vor Ablauf der 20 Jahre wirksam?

A11 a) Da E gemäß § 2044 I 1 die Auseinandersetzung hinsichtlich des Hauses ausgeschlossen hat, hat A insoweit keinen Anspruch auf Auseinandersetzung.

b) Da ein Ausschluß der Auseinandersetzung nach § 2044 I keine dingliche Wirkung hat, können die Miterben gemäß § 2040 I gemeinschaftlich über das Haus verfügen.

I12 Sind Abkömmlinge des Erblassers *gesetzliche* Erben, so haben sie sich bei der Auseinandersetzung bestimmte Vorempfänge, die sie schon zu Lebzeiten des Erblassers erlangt haben, anrechnen zu lassen (sog. *Ausgleichung*), § 2050. Die Ausgleichung hat den Zweck, alle Kinder des Erblassers tatsächlich gleichzubehandeln.
Auszugleichen ist alles, was ein Abkömmling als *Ausstattung*, d. h. im Hinblick auf eine Heirat oder zur Begründung einer selbständigen Lebensstellung (§ 1624 I) erhalten hat, § 2050 I.
Auszugleichen sind ferner *Zuschüsse*, die als *Einkünfte* dienen sollten, d. h. deren Wiederholung zumindest beabsichtigt war, und *Ausbildungskosten*, die nach dem Vermögensgegenstand des Erblassers als *übermäßig* anzusehen sind, § 2050 II.

Auszugleichen sind schließlich alle die Zuwendungen unter Lebenden, für die der Erblasser dies bei der Zuwendung *angeordnet* hat, § 2050 III.

Bei *gewillkürter* Erbfolge findet die Ausgleichung unter Abkömmlingen im Zweifel dann statt, wenn sie in Höhe oder untereinander im Verhältnis ihrer gesetzlichen Erbteile als Erben eingesetzt sind, § 2052.

F12 Sind ausgleichungspflichtig

a) die Aussteuer, die die Tochter des Erblassers erhalten hat;

b) die Weltreise, die der Erblasser seinem Sohn anläßlich des bestandenen Examens geschenkt hat;

d) die Werkstatteinrichtung, die der Erblasser seinem Sohn, der Schreiner geworden ist, bezahlt hat?

A_{12} Die Aussteuer ist nach §§ 2050 I, 1624 I als Ausstattung auszugleichen, ebenso die Werkstatteinrichtung.
Die Weltreise gehört hingegen nicht zu den in § 2050 genannten ausgleichspflichtigen Zuwendungen.

I_{13} Die Ausgleichung wird nach § 2055 folgendermaßen vorgenommen:
(1) Wenn neben Abkömmlingen des Erblassers sein *Ehegatte* gesetzlicher Erbe ist, so wird dessen Erbteil vom Wert des Nachlasses abgezogen, da die Ausgleichung nur zwischen *Abkömmlingen* des Erblassers stattfindet (vgl. § 2055 I 2 i. V. m. § 2050 I).
(2) Dem Rest werden die auszugleichenden Beträge *hinzugerechnet* (§ 2055 I 2).
(3) Nach dem derart erhöhten Nachlaßwert wird der Wert der Erbteile der Abkömmlinge berechnet.
(4) Von diesem Wert muß sich jeder Erbe das von ihm ausgleichspflichtig Vorempfangene *abziehen* lassen (§ 2055 I 1).
(5) Der Restbetrag ist die Summe, die dem Erben noch zusteht.
Bleibt *kein* Rest, so ist der Erbe nicht zur Auszahlung des Mehrbetrags verpflichtet; der Erbe und das von ihm Vorempfangene bleiben vielmehr bei der Berechnung der Erbteile *unberücksichtigt*, § 2056.

F_{13} Witwer E, in den letzten Jahren vom Pech verfolgt, hinterläßt seinen drei Kinders T, S_1 und S_2 als gesetzlichen Erben einen Nachlaß im Wert von 20.000,– DM. Tochter T hatte zur Hochzeit eine Aussteuer im Wert von 15.000,– DM und Sohn S_1 5.000,– DM zum Kauf eines Autos mit der Bestimmung erhalten, dieser Betrag sei beim Erbfall auszugleichen.
Wie verteilt sich der Nachlaß?

A_{13} Die T erhält, da die ausgleichspflichtige Aussteuer den Wert ihres Erbteils übersteigt, nichts mehr; sie bleibt bei der Ausgleichung unberücksichtigt, § 2056.
Die 5.000,– DM, die S_1 erhalten hat, sind auszugleichen, werden also dem Nachlaß hinzugerechnet (2). Das ergibt einen Nachlaßwert von 25.000,– DM. Die danach zu berechnenden Erbteile von S_1 und S_2 haben einen Wert von je 12.500,– DM (3). Da S_1 sich den ausgleichspflichtigen Vorempfang von 5.000,– DM abziehen lassen muß (4), bekommt er 7.500,– DM ausgezahlt und S_2 die restlichen 12.500,– DM (5).

I_{14} Hat ein Abkömmling im besonderen Maße zur *Erhaltung* oder *Mehrung* des *Erblasservermögens* beigetragen oder hat er unter Verzicht auf eigenes Einkommen den Erblasser längere Zeit *gepflegt*, so findet auch in diesem Fall unter mehreren Abkömmlingen, die zur gesetzlichen Erbfolge berufen sind, eine *Ausgleichung* statt, § 2057 a.
Der Ausgleichungsbetrag ist nach den in § 2057 a III konkretisierten Billigkeitserwägungen zu berechnen.

Die Ausgleichung geht hier so vor sich (§ 2057 a IV):
Nach Abzug eines eventuellen Ehegattenerbteils (1) werden die gesamten Ausgleichungsbeträge vom Nachlaß *abgezogen* (2). Nach dem derart verminderten Nachlaßwert wird der Wert der Erbteile berechnet (3). Jedem Ausgleichsberechtigten wird sein Ausgleichungsbetrag zum Wert seines Erbteils *hinzugerechnet* (4). Die Summe ergibt das, was ihm bei der Auseinandersetzung zusteht (5).
Eine Ausgleichung nach § 2057 a findet nicht statt, wenn der Abkömmling für seine Leistung ein angemessenes Entgelt erhalten hat oder aufgrund eines Vertrages oder aus anderem Rechtsgrund (z. B. § 812 I 2, 2. Alternative) verlangen kann, § 2057 a II 1.

F_{14} Gesetzliche Erben des E sind seine Frau F, mit der er im gesetzlichen Güterstand lebte, und seine beiden Töchter T_1 und T_2. T_1 hat ihren Eltern den Haushalt geführt, wofür ihr nach § 2057 a III 5.000,– DM auszugleichen sind.
Wie verteilt sich der Nachlaß des E im Wert von 15.000,– DM zwischen T_1, T_2 und F?

A_{14} F bekommt, da im Verhältnis zu ihr keine Ausgleichung vorzunehmen ist, nach §§ 1931 I, 1371 I die Hälfte, also 7.500,– DM. Vom Rest des Nachlasses ist der Ausgleichungsbetrag von 5.000,– DM abzuziehen. Dann ergibt sich als Wert der Erbteile von T_1 und T_2 je 1.250,– DM. Dem Erbteil der T_1 sind die auszugleichenden 5.000,– DM hinzuzuzählen, so daß sie letztlich 6.250,– DM erhält.

I_{15} Der Pflichtteilsanspruch beträgt nach § 2303 I 2 die Hälfte des Wertes des gesetzlichen Erbteils. Eine Verringerung bzw. Erhöhung dieses Wertes gemäß §§ 2050, 2057 a ist auch bei der Berechnung des *Pflichtteils* zugrunde zu legen, § 2316 I 1.

F_{15} Erblasser E hat seine Ehefrau F zur Alleinerbin eingesetzt. Sein Vermögen beträgt zur Zeit des Erbfalls 90.000,– DM. Von den Kindern des E (A, B und C) hat A eine nach § 2050 I ausgleichspflichtige Zuwendung in Höhe von 10.000,– DM erhalten; B hat eine Leistung nach § 2057 a I erbracht, die gemäß § 2057 a III mit 7.000,– DM auszugleichen ist.
Wie hoch sind die Pflichtteilsansprüche von A, B und C?

A_{15} Zunächst ist der Wert des gesetzlichen Erbteils des Ehegatten vom Wert des Nachlasses abzuziehen (1); die F würde als gesetzliche Erbin nach §§ 1931 I, 1371 I die Hälfte des Nachlasses erben; ihr gesetzlicher Erbteil hätte also einen Wert von 45.000,– DM. Zu dem verbleibenden Rest von 45.000,– DM ist der nach § 2050 auszugleichende Betrag (10.000,– DM) hinzuzuzählen; der nach § 2057a auszugleichende Betrag (7.000,– DM) ist abzuziehen (2). Nach dem so errechneten Wert (48.000,– DM) ist der Wert der Erbteile von A, B und C zu ermitteln (3); da Kinder zu gleichen Teilen erben (§ 1924 IV), beträgt er je 16.000,– DM. Hiervon muß sich A den nach § 2050 auszugleichenden Betrag abziehen lassen, während dem B der nach § 2057a auszugleichende Betrag hinzugerechnet wird (4). Als gesetzliche Erben bekämen also A 6.000,– DM, B 23.000,– DM und C 16.000,– DM (5). Die Pflichtteilsansprüche betragen somit nach § 2301 I 2 für A 3.000,– DM, B 11.500,– DM und C 8.000,– DM.

I_{16} Die *Haftung der Miterben für Nachlaßverbindlichkeiten* wird von zwei Grundsätzen beherrscht: Jeder Miterbe haftet für die Nachlaßverbindlichkeiten als *Gesamtschuldner* (§ 2058), aber die Nachlaßverbindlichkeiten sollen möglichst aus dem *ungeteilten* Nachlaß beglichen werden.

Daher kann ein Nachlaßgläubiger, solange der Nachlaß noch nicht aufgeteilt ist, alle Miterben zugleich verklagen (*Gesamthandsklage*) und dann in den ungeteilten Nachlaß vollstrecken, § 2059 II. Er kann aber auch jeden einzelnen Miterben verklagen (*Gesamtschuldklage*). Zusätzlich zu den für den Alleinerben bestehenden Möglichkeiten, die Haftung auf den Nachlaß zu beschränken (s. o. Kap. IX, I_{12} und I_{14}f.), besteht hier aber noch für jeden Miterben das Recht, *vor* der Teilung des Nachlasses die Befriedigung eines Nachlaßgläubigers aus dem Vermögen, das er außer seinem Anteil am Nachlaß hat, zu verweigern, § 2059 I 1. *Miterben haften also vorläufig auf ihren Erbteil beschränkt.* Strenger ist allerdings die Haftung eines Miterben, der bereits die Möglichkeit der Haftungsbeschränkung verloren hat (s. o. Kap, IX, I_{16}): Er haftet schon vor der Teilung des Nachlasses für einen seiner Erbquote entsprechenden Bruchteil jeder Nachlaßverbindlichkeit unbeschränkt, § 2059 I 2; für den darüberhinausgehenden Teil der Verbindlichkeit haftet er bis zur Teilung wie jeder andere Miterbe nur mit seinem Anteil am Nachlaß.

B Wenn A zu 2/3 und B zu 1/3 Erbe des E ist und B Inventaruntreue begangen hat, kann der Nachlaßgläubiger G seine Forderung von 15.000,– DM vor der Teilung des Nachlasses wie folgt geltend machen: 1. durch Klage gegen A und B gemeinsam und Vollstreckung in den ungeteilten Nachlaß; 2. durch Klage gegen A, der sich jedoch die Haftungsbeschränkung aus § 2059 I 1 vorbehalten lassen kann (§ 780 ZPO), so daß G nur in den Erbteil des A vollstrecken kann; 3. durch Klage gegen B, der sich nur hinsichtlich eines Betrages von 10.000,– DM die Haftungsbeschränkung vorbehalten lassen kann, hinsichtlich der restlichen 5.000,– DM jedoch unbeschränkt haftet.

I_{17} *Nach* der Teilung des Nachlasses entfällt die Gesamthandsklage. Die Gesamtschuldklage bleibt möglich. Jedoch reduziert sich in den Fällen des Gläubigerausschlusses im Aufgebotsverfahren, der verspäteten Geltendmachung einer Forderung sowie des Nachlaßkonkurses und -vergleichs die Verfplichtung jedes Miterben auf einen seiner Erbquote entsprechenden Bruchteil der Nachlaßverbindlichkeit, §§ 2060 Nr. 1–3, 2061 I und § 113 I Nr. 4 VerglO; an die Stelle der Gesamtschuld der Miterben tritt also eine *Teilschuld* jedes einzelnen Miterben.

Diese Begrenzung der *Schuld* ist unabhängig davon, ob der einzelne Miterbe beschränkbar oder unbeschränkt *haftet*. Eine Beschränkung der Haftung nach den für den Alleinerben geltenden Vorschriften bleibt sowohl im Falle der Teilschuld als auch im Falle der Gesamtschuld weiterhin möglich, jedoch nicht durch Anordnung der Nachlaßverwaltung oder Eröffnung des Nachlaßvergleichs, § 2062 und § 113 I Nr. 3 VerglO. *Quotenmäßige Begrenzung der Schuld* und *gegenständliche Beschränkung der Haftung* dürfen also nicht verwechselt werden!

F_{17} Im Beispielsfall zu I_{16} macht G seine Forderung erst sechs Jahre nach dem Erbfall geltend, und zwar verklagt er, als der Nachlaß schon geteilt ist, sowohl den A als auch den B auf Zahlung von 15.000,– DM.

a) In welcher Höhe sind die Klagen begründet?

b) Können sich A und B gegen die Vollstreckung in ihr Eigenvermögen schützen?

A_{17} a) Da die Voraussetzungen des § 2060 Nr. 2 erfüllt sind, schulden A und B nur noch den ihrer Erbquote entsprechenden Bruchteil der Verbindlichkeit; die Klage gegen A ist also nur in Höhe von 10.000,– DM, die Klage gegen B in Höhe von 5.000,– DM begründet.

b) A kann sich auf die Haftungsbeschränkung aus § 1974 I 1 i. V. m. § 1973 I 1 berufen und haftet dann nur mit dem, was er aus dem Nachlaß erhalten hat. B haftet dagegen nach § 2005 I 1 unbeschränkt, also auch mit seinem Eigenvermögen.

PARAGRAPHENREGISTER

SACHREGISTER

FSC
www.fsc.org
MIX
Papier | Fördert
gute Waldnutzung
FSC® C083411

Kolibri 360 GmbH
Ferdinand-Jühlke-Straße 7
99095 Erfurt, Deutschland
produktsicherheit@kolibri360.de